特色小镇文库

# 小镇的崛起

THE RISE OF THE TOWNS

特色小镇**规划**与**运营**指南

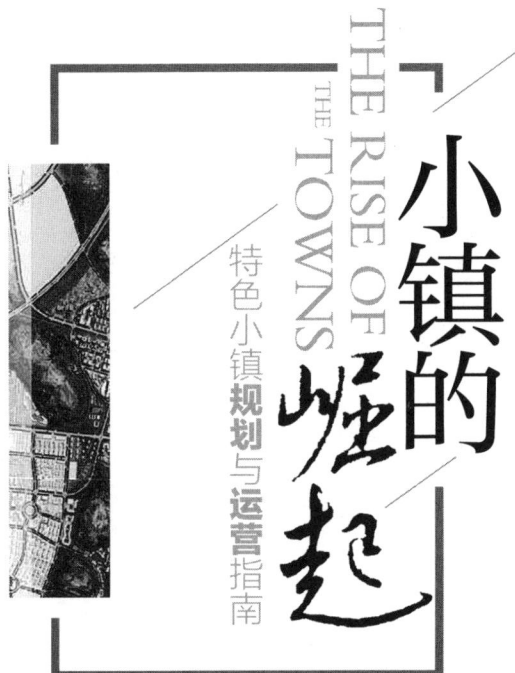

经济管理出版社
ECONOMY & MANAGEMENT PUBLISHING HOUSE

图书在版编目（CIP）数据

小镇的崛起——特色小镇规划与运营指南 / 印建平著 . —北京：经济管理出版社，2018.6

ISBN 978－7－5096－5819－2

Ⅰ. ①小… Ⅱ. ①印… Ⅲ. ①小城镇—城市建设—中国—指南 Ⅳ. ①F299.21－62

中国版本图书馆 CIP 数据核字（2018）第 109021 号

| | |
|---|---|
| 组稿编辑： | 杨　雪 |
| 责任编辑： | 杨　雪　郭玲敏 |
| 责任印制： | 司东翔 |
| 责任校对： | 赵天宇 |

出版发行：经济管理出版社
　　　　　（北京市海淀区北蜂窝 8 号中雅大厦 A 座 11 层　100038）
网　　址：www.E－mp.com.cn
电　　话：（010）51915602
印　　刷：北京晨旭印刷厂
经　　销：新华书店
开　　本：720mm×1000mm/16
印　　张：15.25
字　　数：217 千字
版　　次：2018 年 9 月第 1 版　2018 年 9 月第 1 次印刷
书　　号：ISBN 978－7－5096－5819－2
定　　价：59.00 元

·版权所有　翻印必究·

凡购本社图书，如有印装错误，由本社读者服务部负责调换。
联系地址：北京阜外月坛北小街 2 号
电话：（010）68022974　邮编：100836

# 前　言

## 特色小镇的历史与探索

"特色小镇"这个词，在 2016 年 7 月之前，可以说除了浙江和云南，若非是政府相关机构的，大约就只有嗅觉敏锐、关注政府经济建设动向的人和经济学界相关研究领域的人才会有所知晓了。

一般理解，特色小镇建设就是因地制宜，结合地方特色，建设有与众不同的优势的小镇。在改革开放以来的四十年中，与此相类似的概念还有特色小城镇、小城镇建设、城镇特色化、创新城镇化等。

过去四十年来，中央和各地区政府以及学术界一直在不断探索小城镇的特色化发展。其中，早期影响力最大的莫过于费孝通先生在 1983 年经过对江苏吴江调查形成的《小城镇，大问题》报告。在经历了 20 世纪 80 年代后期到 90 年代前期的低谷后，探索如何挖掘小城镇地方特色、文化特色、民族特色、古镇特色、产业特色、空间特色等，如何形成地区优势和发展动力，又逐渐形成了新一轮的高潮，并延续至今。通过不完全的检索，这个阶段比较具有代表性的学术成果如下。

1995 年，由潘秀玲著、中国科学技术出版社出版的《中国小城镇建设》一书，可以说是掀起学术界新一轮研究热潮的典型代表。

1996 年，由国家经济体制改革委员会农村司组织、改革出版社出版的《全国小城镇试点改革经验文集》。其中收录的由中共昆山市委、市政府发表的《加快新型城镇建设促进经济社会发展》一文，或许是政府层面第一次正式提及"特色小镇"这个名词。文中说："近年来，我们坚持因地制宜、分类指导、确定特色、各展所长的发展要求，从各镇实际出发，积极探索小城镇建设上规模、上档次、健康发展的有效途径，逐步形成了一批功能独特、风格各异的特色小镇。"

2001年，孔祥智发表于《农业经济问题》的《中国农村小城镇建设：现状、问题与对策》一文。文中提出，必须实行制度创新来推进小城镇建设。制度创新的目标就是要促进城乡之间要素的合理流动，实现城镇化与工业化的同步及经济发展的协调，最终实现城乡经济社会的"四个融合"，即城乡人口融合、城乡政治融合、城乡经济融合、城乡文明融合。

2003年，王宝刚发表于《规划师》的《国外小城镇建设经验探讨》，总结美国、德国、英国、日本等国小城镇建设的共同经验：各级政府大力支持；重视规划的权威性和按规划实施建设；重视基础设施和社会服务设施的建设；重视人文环境的继承和生态环境的保护；政府鼓励公众参与小城镇建设。

2004年，由叶堂林著、新华出版社出版的《小城镇建设的规划与管理》一书，是迄今能查阅到的国内最早、较系统的小城镇规划与管理的论述。

2004年5月，北京市通州区台湖镇面向世界征集规划设计方案，计划把台湖镇中心区建设成集旅游观光、绿色生态、别致景观为一体的特色小镇。在基层政府实践层面，拉开了打造节能生态特色小镇的序幕。

2005年，王媛和周霞的《县域经济发展与小城镇建设》一书由社会科学文献出版社出版，书中重点探讨了加速转型期中国县域经济发展与小城镇建设的可行路径。

2008年，陈忠卫和王平发表于《当代经济管理》的《乡镇企业发展与小城镇建设互动关系研究：基于产业集群的视角》。文中提出：乡镇企业发展是小城镇建设的主要推动力量，小城镇是乡镇企业生存和发展的空间载体,两者间存在着较强的互动关系,这种互动关系是以产业集群为媒介的。通过集聚效应、扩散效应、示范效应和规模效应的功能发挥,可以有力地促使乡镇企业发展和小城镇建设都朝着产业集群这个方向前进,进而推动社会主义新农村的建设。这是首次对产业发展、乡镇企业发展与小城镇综合发展关系的系统梳理。

2011年,杜宁和赵民在《小城镇建设》发表了《发达地区乡镇产业集群与小城镇互动发展研究》。通过对广东、江苏等乡镇企业发达地区案例的研究,对小城镇建设的模式进行了有益的探索。

2014年,《西部大开发》第12期刊登张永军的文章《陕甘宁特色小镇之照金经验》。文中介绍了由陕西省委、省政府牵头,铜川市政府与陕西文化产业投资(控股)集团有限公司、陕西煤业化工集团有限责任公司于2012年5月起开始合作,形成"资源+技术+资金"的优化组合,共同出资10亿元,成立了陕西照金文化旅游投资开发有限公司(简称照金公司),从而以旅游开发带动小镇建设的经验。

在这些理论研究中,虽然并没有形成"特色小镇"的统一概念,也没有在社会公众层面形成广泛的影响,但是学界对中国小城镇建设的研究却越来越深入,也越来越具有现实指导性。

在政府方面,最早规模性探索小城镇建设的当属旅游大省——云南。2005年9月27日,云南省人民政府下发《关于加快旅游小镇开发建设的指导意见》指出:"以各种资源和要素的有效聚集促进小城镇建设,并通过旅游小镇的建设创新城镇建设和发展的模式,带动我省各类特色城镇的建设,推动全省城镇化的快速发展。这是国内最早的省级政府发起的、针对小城镇的特色创新指导性政策。"

2006年7月,时任中共云南省委副书记、云南省常务副省长的秦光荣通过媒体专访的形式,将云南省政府对"特色小镇"的建设计划进行了更详细的披露:落实科学发展观打造特色小镇;特色小镇建设坚持规划先行、产业支撑、保护优先、市场运作和群众受益等原则。2008年3月,已任云南省省长的秦光荣又向社会传达了更具体的信息：以旅游名镇建设为先导推进特色小镇建设，通过建设内涵丰富的各类特色小镇，逐步形成特色小镇体系，提出除建设旅游小镇之外，进一步建设工业小镇、农业小镇、商贸小镇、生态园林小镇、历史文化名镇。

2011年5月，云南省人民政府出台《关于加快推进特色小镇建设的意见》提出：在"十二五"期间，在全省建成一批镇区人口超过1万人、非农产业产值占GDP比重达到50%以上的重点特色小镇，其中，旅游小镇60个，现代农业型、工业型、商贸型、口岸型、生态型等小镇150个。

继云南之后，国内多个省市的特色小城镇建设计划从2008年起逐步见诸媒体。

山东省济南市在2008年5月发布了济南的特色小镇建设计划：杜绝千镇一面，提升发展能力，着力打造"特色小镇"。第一批展开的城镇有商河县怀仁镇、平阴县孔村镇、长清区万德镇，分别规划打造"商贸特色""工业特色""绿色城镇"，第二批展开的城镇也将结合自身环境和文化特色进行城镇建设。这标志着特色小城镇的落地推进在山东系统化地展开。

2010年6月，《海南国际旅游岛建设发展规划纲要（2010～2020）》发布，纲要确定海南将规划建设22个特色旅游小镇。

2011年6月，北京市发展和改革委员会明确表示，北京市正式设立总规模100亿元的小城镇发展基金，引导北京市42个重点小城镇打造旅游休闲特色镇、科技和设施农业示范镇、商务会议特色镇、园区经济特色镇和重点产业功能区配套服务特色镇五类特色小镇。其中，首批试点镇包括房山区长沟镇、大兴区魏善庄镇和顺义区的李遂镇。

2012年9月，中共贵州省委、贵州省人民政府《关于加快推进小城镇建设的意见》提出：到2015年，建成100个交通枢纽型、旅游景观型、绿色产业型、工矿园区型、商贸集散型、移民安置型等各具特色的示范小城镇。到2017年，每个县（市、区、特区）建成3～5个特色小城镇。

2012年11月，江西省南昌市召开全市特色小镇建设座谈会。会议指出，将实施特色带动战略，重点打造17个个性特征突出、人居环境优美、发展潜力强劲、带动作用明显的特色小镇，力争用2年左右的时间实现城镇化率达到70%、旅游等特色主导产业产销占GDP比重达到50%以上的目标，使之成为引导区域和农村经济发展的示范点。

相对而言，浙江版的"特色小镇"计划起步较晚。但其之所以能后来居上，形成一定的影响力，首先得益于它从概念产生到落地见效的速度快：不到2年时间，就层层落地，成功吸引上千亿元的投资，使得浙江省数十个城镇的面貌迅速焕然一新，梦想小镇、云栖小镇、玉皇山南基金小镇、跨贸小镇……这些"小而美""特而强"的明星特色小镇甚至带动了浙江省整体经济的转型升级。其次则是定义明确且独特：特色小镇不是行政区划单元上的"镇"，也不同于产业园区、风景区的"区"，而是按照创新、协调、绿色、开放、共享发展理念，结合自身特质，找准产业定位，科学进行规划，挖掘产业特色、人文底蕴和生态禀赋，形成"产、城、人、文"四位一体有机结合的重要功能平台。再次是具有可复制性，浙江省的特色小镇之所以可以遍地开花，是因为特色小镇的建设是基于方法论、基于地方经济发展的现实，而不是具体的政策倾斜、简单的资金扶持等。2014年10月17日，时任浙江省省长的李强在参观"云栖小镇"时，首次公开提及浙江版的"特色小镇"。2015年1月，李强在一年一度的浙江省两会上所做的《浙江省政府工作报告》中，正式将围绕信息、环保、健康、旅游、时尚、金融、高端装备制造七大产业，规划建设一批"特色小镇"作为"大力发展高端制造业和现代服务业，加快产业转型升级"的重要抓手，列入了浙江省政府2015年度的重点工作。2015年4月，浙江省政府又出台了《关于加快特色小镇规划建设的指导意见》，明确了特色小镇规划建设的总体要求、创建程序、政策措施、组织领导等内容。"特色小镇"从此在浙江省内落地生根，并逐渐发芽。

随着国家住房和城乡建设部、国家发展和改革委员会与财政部在2016年

7月下发《关于开展特色小镇培育工作的通知》，随着各地政府密集出台本地落实的相关政策，随着各种形式研讨会的纷纷召开、各色专家纷纷建言献策指点江山，"特色小镇"终于走出学界和政府专业领域的小众关注，成为了国内经济领域的一大热点。2016年8月，国家住房和城乡建设部发布《关于做好2016年特色小镇推荐工作的通知》，通知全国各省市区推荐申报国家级特色小镇，于是，全国各地方都积极参与特色小镇的推荐与申报。而后，国家住房和城乡建设部在2016年10月公布了第一批中国特色小镇名单，总共包含127个特色小镇。为了充分发挥优质企业与特色小（城）镇的双重资源优势，开拓企业成长空间，树立城镇特色品牌，实现镇企互利共赢以及创新小（城）镇建设管理运营模式，充分发挥市场配置资源的决定性作用，更好发挥政府规划引导和提供公共服务等作用，防止政府大包大揽，国家发展和改革委员会于2016年12月发布了《关于实施"千企千镇工程"推进美丽特色小（城）镇建设的通知》，组织实施美丽特色小（城）镇建设"千企千镇工程"是指根据"政府引导、企业主体、市场化运作"的新型小（城）镇创建模式，搭建小（城）镇与企业主体有效对接平台，引导社会资本参与美丽特色小（城）镇建设，促进镇企融合发展、共同成长。

2017年，为进一步促进特色小镇的建设，解决小镇建设的资金问题，国家发展和改革委员会会同国家开发银行、中国农业发展银行、中国进出口银行三大政策性银行及其他金融机构，出台了一系列金融支持政策，特别提示优先支持国家127个特色小镇的建设。7月，国家住房和城乡建设部公布了第二批特色小镇的名单，共276个。然而在这一年多的时间里，由于出现了概念不清、定位不准、急于求成、盲目发展以及市场化不足等问题，有些地区甚至存在政府债务风险加剧和房地产化的苗头。于是，12月，国家发展和改革委员会与国土资源部、环保部以及住房和城乡建设部共同发布了《关于规范推进特色小镇和特色小城镇建设的若干意见》，提出了十六条建议，目的是进一步规范特色小镇的建设。

本书根据作者多年的城镇规划经验以及近年来对国内外小镇的实地调

研走访，试图对特色小镇的定义、发展历史及两年来特色小镇开发建设的成果进行梳理和问题总结，并针对特色小镇的发展肌理、定位策略、产业体系构建、空间设计、运营体系构建、品牌招商等进行系统的研究，以期对特色小镇的建设与发展产生一些积极的影响。

# 目　录

1 **特色小镇的概念与内涵** / 1
　1.1　特色小镇的概念 / 3
　1.2　特色小镇的分类 / 4
　1.3　特色小镇与其他园区的区别 / 8
　　1.3.1　工业园区 / 8
　　1.3.2　产业园 / 9
　　1.3.3　科技园 / 10
　　1.3.4　高新区 / 11
　　1.3.5　经开区 / 12
　　1.3.6　特色小镇 / 13
　1.4　特色小镇的基本要求 / 16
　　1.4.1　物质基础是基本前提 / 16
　　1.4.2　坚持原则是必要保障 / 19
　　1.4.3　科学规划是必备环节 / 21
　　1.4.4　规划必须要因地制宜 / 27

2 **特色小镇的建设背景** / 33
　2.1　国家宏观经济发展的要求 / 35
　　2.1.1　发展小城镇是中国走向现代化的必由之路 / 35
　　2.1.2　发展小城镇是推动中西部与东部协调发展的可能支撑 / 36

        2.1.3 发展小城镇有助于保持未来经济持续健康发展 / 36
　2.2 我国新型城镇化发展的要求 / 37
        2.2.1 破解城乡二元结构弊端的急迫要求 / 37
        2.2.2 推进全国新型城镇化目标实现 / 38
　2.3 小城镇自身发展的迫切需求 / 40
        2.3.1 小城镇经济持续发展的需求 / 40
        2.3.2 小城镇功能完善进化服务社会的迫切需求 / 41
        2.3.3 小城镇相对大城市独具发展潜力 / 42
　2.4 乡村振兴发展的重要平台 / 43
        2.4.1 特色小镇是乡村文化符号进行表达的重要支撑 / 45
        2.4.2 特色小镇是乡村地区产业重塑的关键平台 / 45
        2.4.3 特色小镇是乡村旅游资源整合和游客集散的依托 / 46
        2.4.4 特色小镇是农业现代化发展的重要路径 / 46
        2.4.5 特色小镇是解决农业农村农民问题的重要途径 / 47
　2.5 田园综合体是特色小镇的发展方向 / 47
        2.5.1 田园综合体与特色小镇战略具有一致性 / 48
        2.5.2 田园综合体为农业特色小镇提供了方向 / 48

# 3 特色小镇建设现状及存在的问题 / 49

　3.1 特色小镇全国布局速度快 / 52
        3.1.1 国家级特色小镇数量分布 / 52
        3.1.2 省级特色小镇数量分布 / 54
　3.2 特色小镇金融支持政策多 / 55
        3.2.1 政府政策资金支持 / 55
        3.2.2 金融机构支持倾斜 / 63
        3.2.3 PPP项目融资模式 / 64
　3.3 特色小镇建设参与主体多 / 67
        3.3.1 政府 / 67
        3.3.2 投资商 / 67
        3.3.3 金融机构 / 68

3.3.4　地产商 / 68
　　　3.3.5　咨询服务机构 / 68
　　　3.3.6　运营商 /69
　3.4　特色小镇的主导产业类别少 / 69
　　　3.4.1　主导产业为旅游业居多 / 69
　　　3.4.2　主导产业发展基础扎实 / 71
　　　3.4.3　新兴产业的支撑力明显 / 71
　　　3.4.4　农业成为小镇发展潮流 /73
　3.5　特色小镇的运营管理问题多 / 75
　　　3.5.1　投融资渠道少，资本支撑后劲不足 / 75
　　　3.5.2　主导产业模糊，功能叠加不足 / 76
　　　3.5.3　人才引留困难，类型过于单一 / 76
　　　3.5.4　行政干预过当，政府观念尚待转变 / 77
　3.6　特色小镇建设过程中存在的问题 / 77
　　　3.6.1　对特色小镇的认识不足 / 77
　　　3.6.2　出现盲目冲动的"大跃进" / 79
　　　3.6.3　特色小镇"特色"不明显 / 79
　　　3.6.4　以人为本理念成为空壳 / 80

# 4　特色小镇总体定位 / 81

　4.1　特色小镇为什么需要定位 / 83
　4.2　特色小镇的定位策略方法 / 84
　　　4.2.1　充分考虑特色产业的特点 / 84
　　　4.2.2　充分考虑资源条件 / 84
　　　4.2.3　充分考虑特色产业目标市场 / 84
　　　4.2.4　充分考虑竞争因素 / 85
　　　4.2.5　考虑投入产出比 /85
　4.3　特色小镇的定位案例分析 / 85
　　　4.3.1　茶小镇 / 85
　　　4.3.2　温泉小镇 / 86

4.3.3　精工小镇 / 87

4.3.4　科创小镇 / 87

4.3.5　禅修小镇 / 88

4.3.6　历史小镇/89

## 5　特色小镇产业体系构建 / 91

### 5.1　产业选择原则 / 93

5.1.1　竞争优势原则 / 93

5.1.2　特色突出原则 / 93

5.1.3　市场需求原则 / 93

5.1.4　产业关联原则 / 94

5.1.5　生态环保原则 / 94

5.1.6　融合创新原则/94

### 5.2　以第一产业为主导的特色小镇产业体系构建 / 94

5.2.1　以第一产业为主导的特色小镇说明 / 94

5.2.2　产业选择路径 / 95

5.2.3　以第一产业为主导的特色小镇产业体系类型 / 99

### 5.3　以第二产业为主导的特色小镇产业体系构建 / 104

5.3.1　以第二产业为主导的特色小镇说明 / 104

5.3.2　产业选择路径 / 106

5.3.3　以第二产业为主导的特色小镇产业体系类型 / 109

### 5.4　以第三产业为主导的特色小镇产业体系构建 / 115

5.4.1　以第三产业为主导的特色小镇说明 / 115

5.4.2　产业选择路径 / 117

5.4.3　以第三产业为主导的特色小镇产业体系类型 / 120

## 6　特色小镇空间布局设计 / 125

### 6.1　选址策略 / 127

6.1.1　城市综合发展环境 / 127

6.1.2　城市资源基础 / 130

6.1.3　地块基础条件 / 131
　6.2　基础设施规划 / 131
　　　6.2.1　慢行交通设施 / 131
　　　6.2.2　生活与服务设施 / 133
　　　6.2.3　信息基础设施 / 134
　6.3　形象风貌规划 / 137
　　　6.3.1　统一性原则 / 137
　　　6.3.2　集中性原则 / 137
　　　6.3.3　地域性原则 / 138
　　　6.3.4　保护性原则 / 138

# 7　特色小镇运营管理 / 141
　7.1　运营模式的选择 / 143
　　　7.1.1　政府主导模式 / 143
　　　7.1.2　政府与企业联动发展模式 / 143
　　　7.1.3　以企业为主导的模式 / 143
　　　7.1.4　以非营利的社会组织为主体的模式 / 144
　7.2　运营盈利模式 / 144
　　　7.2.1　产业投资 / 145
　　　7.2.2　中介服务 / 145
　　　7.2.3　平台服务 / 145
　　　7.2.4　政府补贴 / 146
　　　7.2.5　税收奖励 / 146
　7.3　运营管理内容 / 146
　　　7.3.1　物业管理是基础 / 146
　　　7.3.2　配套服务是保障 / 148
　　　7.3.3　产业运营是核心 / 149
　　　7.3.4　社会治理是重点 / 154
　7.4　运营阶段划分 / 157
　　　7.4.1　土地一级开发期 / 157

　　　　7.4.2　产业项目开发期 / 157

　　　　7.4.3　产业培育阶段 / 158

　　　　7.4.4　产业链整合期 / 158

　　　　7.4.5　土地二级开发期 / 158

　　7.5　运营管理组织 / 159

　　　　7.5.1　运营管理组织的基本要求 / 159

　　　　7.5.2　运营管理组织的基本架构 /162

## 8　特色小镇保障体系 / 169

　　8.1　规划保障 / 171

　　8.2　政策保障 / 171

　　8.3　人才保障 / 172

　　　　8.3.1　围绕特色产业引人才 / 172

　　　　8.3.2　围绕特色资源用人才 / 173

　　　　8.3.3　围绕特色服务留人才 /173

　　8.4　资金保障 / 173

　　　　8.4.1　发债 / 173

　　　　8.4.2　融资租赁 / 175

　　　　8.4.3　基金 / 175

　　　　8.4.4　资产证券化 / 177

　　　　8.4.5　收益信托 / 178

　　　　8.4.6　PPP融资模式 /178

## 9　特色小镇案例研究 / 179

　　9.1　国外案例 / 181

　　　　9.1.1　法国依云小镇——因水而生 / 181

　　　　9.1.2　美国格林尼治——对冲基金小镇 / 183

　　　　9.1.3　英国温莎小镇——王室小镇 / 184

　　　　9.1.4　美国纳帕谷——"农业＋文旅"小镇 / 185

　　　　9.1.5　法国格拉斯——香水小镇 / 189

9.1.6 丹麦卡伦堡——工业共生的生态之城 / 193
9.1.7 日本柯南小镇——成功导入文化IP / 195
9.1.8 奥地利瓦腾斯小镇——名企带动 / 197
9.1.9 加拿大白求恩故乡——名人辐射出"特色效应" / 199
9.1.10 德国巴登巴登——沐浴之城 / 199

9.2 国内案例 / 200
9.2.1 江苏仪征黑莓小镇 / 200
9.2.2 浙江海宁智慧农业特色小镇 / 202
9.2.3 浙江磐安江南药镇 / 204
9.2.4 浙江黄岩模具特色小镇 / 206
9.2.5 浙江义乌绿色动力小镇 / 207
9.2.6 广东蓬江区棠下镇 / 208
9.2.7 贵州安顺西秀区旧州镇 / 210
9.2.8 浙江杭州云栖小镇 / 213
9.2.9 浙江杭州物联网小镇 / 216
9.2.10 浙江乌镇互联网小镇 /217

**参考文献** / 221

**后　记** / 223

# 1 特色小镇的概念与内涵

## 1.1 特色小镇的概念

小镇最早的时候是特指驻兵镇守的州郡中之较小者。《南齐书·柳世隆传》:"东下之师,久承声闻。郢州小镇,自守而已。"随着社会的发展,尤其是商业经济的发展,小镇逐渐衍生出"县以下、因有政府管理与保护而产生的、人口较集中、有商业活动的居民点"的含义。因此,小镇首先是小规模的人口集中居住点;其次是有管理有秩序的;最后则是有商业活动的。

在经济意义的解读中,小镇更多被作为小城镇概念,是介于城乡之间的。从不同的角度来看,小城镇概念有狭义和广义两种。

狭义上的小城镇是指除设市以外的建制镇,包括县城。建制镇是农村一定区域内政治、经济、文化和生活服务的中心。1984年,国务院转批的民政部《关于调整建制镇标准的报告》中关于设镇的规定调整为:

(1)凡县级地方国家机关所在地,均应设置镇的建制;

(2)总人口在2万人以下的乡,乡政府驻地非农业人口超过20%的,可以建镇;总人口在2万人以上的乡,乡政府驻地非农业人口占全乡人口10%以上的亦可建镇;

(3)少数民族地区,人口稀少的边远地区,山区和小型工矿区,小港口,风景旅游,边境口岸等地,非农业人口虽不足20%,如确有必要,也可设置镇的建制。

广义上的小城镇,除了狭义概念中所指的县城和建制镇外,还包括了集镇的概念。1993年发布的《村庄和集镇规划建设管理条例》对集镇提出明确界定：集镇是指乡、民族乡人民政府所在地和经县级人民政府确认由集市发展而成的作为农村一定区域经济、文化和生活服务中心的非建制镇。

因此，整合国家政策、建设实践以及研究工作实际对特色小镇的定义，特色小镇可以从狭义和广义两个方面来理解，包括特色小城镇、特色小镇两种形态。从狭义上来看，特色小镇是指以传统行政区划为单元，特色产业鲜明、具有一定人口和经济规模的建制镇，即特色小城镇。从广义上来看，特色小镇除了建制镇以外，还包含那些聚焦特色产业和新兴产业、集聚发展要素，不同于行政建制镇和产业园区的创新创业平台。

## 1.2 特色小镇的分类

产业是特色小镇的核心和支撑，由于国家统计局对于产业的分类是按照三次产业来划分，因而为便于理解和统计，在此将特色小镇的分类也依据产业的分类来划分，分别分为以第一、第二、第三产业为主导的特色小镇三种类型。

（1）以第一产业为主导的特色小镇。该类型的特色小镇主要是依托当地良好的生态资源、农业资源，通过产业化发展起来，包含三种类型：一是以种植业为基础，包括谷物、豆类、油料、薯类、棉、麻、糖、烟草、蔬菜、食用菌、水果、中药等农作物的种植，形成以某种农作物种植为特色的小镇，如黑莓小镇；二是以林木育种和种植为基础，形成以某种林木种植为特色的小镇，如森林小镇；三是以养殖业为基础，包括牲畜、家禽和水产等养殖，形成以某种动物养殖为特色的小镇，如龙虾小镇。

表 1-1 以第一产业为主导的特色小镇的产业内容

| 特色小镇类型 | 产 业 内 容 | |
|---|---|---|
| 以第一产业为主导的特色小镇 | 种植业 | 谷物种植 |
| | | 豆类、油料和薯类种植 |
| | | 棉、麻、糖、烟草种植 |
| | | 蔬菜、食用菌及园艺作物种植 |
| | | 水果种植 |
| | | 坚果、含油果、香料和饮料作物种植 |
| | | 中药材种植 |
| | 林业 | 林木育种和育苗 |
| | | 造林和更新 |
| | | 森林经营和管护 |
| | | 木材和竹材采运 |
| | | 林产品采集 |
| | 养殖业 | 牲畜养殖 |
| | | 家禽养殖 |
| | | 水产养殖 |

（2）以第二产业为主导的特色小镇。该类型的特色小镇主要是依托当地的特色工业基础发展起来的，主要包括四大类：一是以采矿业为基础，包括煤炭、石油、天然气、黑色金属、有色金属和非金属等特色矿产资源，形成以矿产开采为主的小镇，如矿晶小镇；二是以制造业为基础，包括从农产品到日用品到药品到设备制造等所有工业品的制造，形成以制造为主的小镇，如汽车小镇、食品小镇等；三是以电力的生产为特色形成的小镇，如风能小镇；四是以建筑业为特色形成的小镇。

表1-2 以第二产业为主导的特色小镇的产业内容

| 特色小镇类型 | 产业类别 | 产业细分 | 产业类别 | 产业细分 |
|---|---|---|---|---|
| 以第二产业为主导的特色小镇 | 采矿业 | 煤炭开采和洗选业 | 制造业 | 橡胶和塑料制品业 |
| | | 石油和天然气开采业 | | 非金属矿物制品业 |
| | | 黑色金属矿采选业 | | 黑色金属冶炼和压延加工业 |
| | | 有色金属矿采选业 | | 有色金属冶炼和压延加工业 |
| | | 非金属矿采选业 | | 金属制品业 |
| | | 其他采矿业 | | 通用设备制造业 |
| | 制造业 | 农副食品加工业 | | 专用设备制造业 |
| | | 食品制造业 | | 汽车制造业 |
| | | 酒、饮料和精制茶制造业 | | 铁路、船舶、航空航天和其他运输设备制造业 |
| | | 烟草制品业 | | |
| | | 纺织业 | | 电气机械和器材制造业 |
| | | 纺织服装、服饰业 | | 计算机、通信和其他电子设备制造业 |
| | | 皮革、毛皮、羽毛及其制品和制鞋业 | | 仪器仪表制造业 |
| | | 木材加工和木、竹、藤、棕、草制品业 | | 其他制造业 |
| | | | | 废弃资源综合利用业 |
| | | 家具制造业 | 电力、热力、水的生产与供应 | 电力、热力生产和供应业 |
| | | 造纸和纸制品业 | | 燃气生产和供应业 |
| | | 印刷和记录媒介复制业 | | 水的生产和供应业 |
| | | 文教、工美、体育和娱乐用品制造业 | 建筑业 | 房屋建筑业 |
| | | | | 土木工程建筑业 |
| | | 石油加工、炼焦和核燃料加工业 | | 建筑安装业 |
| | | | | 建筑装饰和其他建筑业 |
| | | 化学原料和化学制品制造业 | | |
| | | 医药制造业 | | |
| | | 化学纤维制造业 | | |

(3) 以第三产业为主导的特色小镇。该类型的特色小镇主要是依托当

地特色服务业基础发展起来的，主要包含商贸、物流、餐饮、信息服务、商业服务、金融、研发、教育、文化、体育、娱乐、旅游等类型的服务业，形成以服务业为特色的小镇，如基金小镇、文化小镇、旅游小镇等。

表 1-3 以第三产业为主导的特色小镇的产业内容

| 特色小镇类型 | 产业类别 | 产业细分 | 产业类别 | 产业细分 |
|---|---|---|---|---|
| 以第三产业为主导的特色小镇 | 批发与零售 | 批发业 | 租赁和商务服务业 | 租赁业 |
| | | 零售业 | | 商务服务业 |
| | 现代物流业 | 铁路运输业 | 科学研究和技术服务业 | 研究和试验发展 |
| | | 道路运输业 | | 专业技术服务业 |
| | | 水上运输业 | | 科技推广和应用服务业 |
| | | 航空运输业 | 金融业 | 保险业 |
| | | 管道运输业 | | 其他金融业 |
| | | 装卸搬运和运输代理业 | | 货币金融服务 |
| | | 仓储业 | | 资本市场服务 |
| | | 邮政业 | 文化、体育和娱乐业 | 广播、电视、电影和影视录音制作业 |
| | 住宿与餐饮业 | 住宿业 | | |
| | | 餐饮业 | | 文化艺术业 |
| | 信息传输、软件和信息技术服务业 | 电信、广播电视和卫星传输服务 | | 体育 |
| | | | | 新闻和出版业 |
| | | 互联网和相关服务 | | 娱乐业 |
| | | 软件和信息技术服务业 | 教育 | 教育 |

## 1.3 特色小镇与其他园区的区别

不管是狭义的特色小镇还是广义的特色小镇，都对建设投资额提出了非常高的要求，对特色产业的投资和开发提出了非常高的经济指标。然而，特色小镇的很多组成元素，和大家以往更为熟悉的工业园区、产业园、科技园、高新区、经开区等并没有特别显著的差异。因此，要建设特色小镇，首先要真正理解他们之间的差别。

### 1.3.1 工业园区

工业园区是一个国家或区域的政府为促进地方的经济发展而设立，通常是政府通过行政手段划定一定范围的土地，并先行予以规划，以专供工业设施设置、使用的地区。

工业园区的用途相当多元，除了工厂、厂办等一般工业设施之外，也可提供给高科技产业使用，甚至有研究机构与学术机构进驻。从广义上讲，我国的国家级经济技术开发区、高新技术产业开发区、保税区、出口加工区以及省级各类工业园区等绝大多数都可以纳入工业园区的概念范畴。

工业园区对于进驻企业的产业类别一般没有特别的要求。在实践中，进驻工业园区的一般都是当地早期较发达的产业企业，如食品制造业、纺织业、成衣业、毛料制造业、家具业、造纸业、石化业、运输业、化学制造业、仓储业等。

由于我国工业园区建设起步较晚，建设经验不是很丰富，所以在我国工业园区快速发展的背后，也凸显出一些问题。如：园区总体规模偏小、集约化不够；不同园区之间模仿严重、产业结构趋同；园区本身缺乏统一的科学规划、定位不明等。

随着社会的发展，越来越多的人认识到：工业的快速发展加剧了生态环境的恶化；工业的规模化生产使地球有限的资源变得越来越稀缺。在追求经济效益的同时，兼顾生态效益、社会效益的和谐统一的生态工业园区建设理念应运而生并得到越来越多的认同。它与传统工业园区有着重要的区别：利用工业生态学及系统工程学的理论和思想来规划和运行工业园区，它不仅强调园区内的各成员内部实现清洁生产、减少废物源，同时强调成员之间的联系、合作和参与，通过物质、能量、信息等的交流形成各成员相互受益的网络，使园区向外界的废物排放量趋于零，最终实现经济、社会和环境的协调共进。

## 1.3.2 产业园

产业园是指由政府或企业为实现特定产业的发展目标而创立的特殊区位环境，是特定地区特定产业的聚集区或某类技术的产业化项目孵化平台，是企业走向产业化道路的集中区域。产业园区作为产业集群的重要载体和组成部分，园区经济效应已引起越来越多人的关注。国内外产业园区发展的成功案例表明，产业园区能够有效地创造聚集力，通过共享资源、克服外部负效应，带动关联产业的发展，从而有效地推动产业集群的形成。产业园区所具有的性质和特征决定了产业集群的最终方向，形成产业园区和产业集群的良性互动，是区域经济增长的重要途径。适合产业园区形式的产业类型十分丰富，如金融后台、文化创意产业园区、物流产业园区，以及近年来国内比较流行的产业新城等。

产业园区与工业园区在很多方面容易被混为一谈，但实际上两者之间有着明显的区别：产业园区聚焦于园区具体产业和技术应用；工业园区则更多地注重园区工业的整体规模而不局限于特定产业。因此，区域政府在制定发展政策方面一般会更加注重政策对于产业的针对性。

随着产业园区的发展，园区产业企业对与之配套的专业服务、贸易、物流、金融等的需求越来越强烈，升级版的"2.5产业园区"概念由此产生并逐渐流行开来。"2.5产业园区"以"2.5产业"为主导，而"2.5产业"是指介于第二产业和第三产业之间的产业，其在重点关注产业独特的研发中心、公司核心技术产品的生产中心和现代物流运行服务等第二产业运营职能的基础上，增加和完善与之相关的服务、贸易、结算等第三产业管理中心的职能。

"2.5产业园区"在发挥产业园传统产业优势的同时，引入金融、商贸、会展等高附加值和科技型的现代服务业功能。第一，通过推进科技与人才导入，引入全新先进产业，有助于产业结构的调整与提升；第二，通过科学规划，合理比例嫁接第二、第三产业，构筑上下游产业互相关联、互补共生的业态环境；第三，通过导入商务、金融、居住、办公、展览等综合性的新兴产业，推动人才、资金、信息的高速传输流动来创造高效、高质的经济发展和城市建设，为产业功能提供全面支持，实现税收拓展、环境优化、就业提升的目标，从而提升区域价值和能力。

## 1.3.3　科技园

科技园的定位是成为集聚高新技术企业的产业园区。目前国内科技园主要由以下三大类企业进行发展。

（1）以连锁化、民营化、总部独栋为主的商业用地性质的科技园区等。国内较知名的有：恒生科技园、创智天地、联动U谷、联创科技园、博济科技园等。在帮助入园企业得到政策和税收优惠的同时，科技园运营公司还能利用其体系内的联合和合作，主动举办活动和推广，帮助入园的企业得到实质性的发展，如恒生科技园，园内企业加入恒生现代服务业交易中心、科创企业融资平台等，引进风投、天使资金、产学研结合项目等，推动企业突飞猛进地发展。这类科技园机制相对灵活，在企业入园前科技园对企业的筛选会较为谨慎，入园后会加大公共服务平台建设和政策、资金等扶持力度。

（2）以大学为主。国内较知名的有清华国家大学科技园、交大科技园、浙大网新科技园、深圳南山科技园等。他们主要是高等教育产业化后的产物，以产学研结合为重点，相关产业链上下游延伸发展为主，企业入驻后，享受的服务和政策与依存的大学有很大的关系。

（3）以国有投资公司为主。此类科技园一般享受政策较为优厚，土地、物业等也较为便宜，一般而言以政府为投资主体人，建立和配套公共技术服务平台、研究所等。园区管理以粗放为主，一般会抓大放小，通常对大企业、纳税大户、上市公司等较为看重，如常州科教城、深圳科技园、张江高科技园区等。

## 1.3.4　高新区

高新区全称是高新技术产业开发区，是各级政府批准成立的科技工业园区。它是以发展高新技术为目的而设置的特定区域，是依托于智力密集、技术密集和开放环境，依靠科技和经济实力，吸收和借鉴国外先进的科技资源、资金和管理手段，通过实行税收和贷款方面的优惠政策和各项改革措施，实现软硬环境的局部优化，最大限度地把科技成果转化为现实生产力而建立起来的，促进科研、教育和生产结合的综合性基地。

高新区发展的核心内容之一是产业，产业发展模式是否科学不仅关系高新区本身的经济持续发展能力，同时关乎高新区所在地产业结构调整、升级以及国家经济竞争力的提高。高新区实行"以自主研究发创新为主，以引进吸收创新为辅"的产业发展方针，在加强与境外机构合作的同时，重点扶持具有自主知识产权的高新技术企业。国家对高新技术范围有较明确的限定，主要包括信息技术、生物技术、新材料技术三大领域，并根据国内外高新技术的不断发展而进行补充和修订。高新区在高新技术成果商品化、产业化以及引进外资、开发高新技术等方面发挥着重要的示范带动作用。

高新区核心竞争力由多方面因素集合而成，单一资源、单一优势都不能成为高新区的核心竞争力，只是高新区一般意义上的优势。核心竞争力和一般优势有天壤之别：一般优势简单易学，是可以克隆的，是短暂的；而核心竞争力则是难以简单复制的，是综合的、持久的。高新区核心竞争力由比较优势和竞争优势共同组成。比较优势与资源有关，是指高新区在经济和生产发展中所独具的资源与有利条件，它赋予核心竞争力以先天条件，是核心竞争力的基础；竞争优势与资源的利用有关，是指在竞争中相较于竞争对手的更强的能力与素质，它突出了区域经济的内生能力，是核心竞争力的主导方面。因此，高新区核心竞争力的本质就是要让进区企业获得真正好于、高于竞争对手（其他高新区）不可替代的发展环境、要素、服务和文化，从而表现出引导国内外企业集聚、资源整合、创造财富、构造高效资源配置方式、孕育新体制的能力。

### 1.3.5 经开区

经开区全称是经济技术开发区，是中国最早在沿海开放城市设立的以发展知识密集型和技术密集型工业为主的特定区域。

经开区的设立主要考虑三大因素：第一是接纳国际资本和产业转移的需要，初衷主要是吸引外资、引进先进的制造业，扩大出口创汇，替代先进材料和零部件的进口；第二是特区成功经验的推广和放大，在沿海城市设立经济技术开发区是特区试验成功后对外开放战略的组成部分；第三是充分发挥沿海港口城市的优势，将对外开放与发挥国内工业基础相结合的尝试。随着经验的积累及其他区域经济的发展需要，经开区逐渐在全国范围内其他区域设立。从发展模式看，增加区域经济总量是其直接目标，以外来投资拉动为主，产业以制造加工业为主。

目前我国的经开区由于地理位置不同，且经济、文化发展水平也有差距，因而其开发模式也不相同，然而目前较为成功的，大约可以分为两类：一类是发展尖端科技，建立新兴产业的开发区；它所依托的城市一般是工业基础较雄厚，工业门类较齐全，科技和经济管理水平较高，经济发达的中心城市，如上海和天津；另一类是充当内外经济联系，发展转口和出口贸易的开发区；此类开发区一般地处国际交通枢纽，并具有较广阔的腹地、对外经济活跃，主要起传递经济信息、积极发展出口创汇、增进中外经济联系和交往的作用，如大连、宁波、库尔勒等。国家对经开区在企业生产环节、营运所得税征收以及区内企业外商人员都实行针对性优惠政策，突出拉动外资投资的针对性。

在已有的各类园区建设实践中，几乎一切都是围绕园区企业经济来运营的，而人居自然环境、生活配套、商业服务配套等在规划中一般处于边缘位置，因而发展的结果经常是向两极发展，能按照规划方向和步骤实施的园区是少数。发展地好的园区，随着企业汇集，人口密集度迅速增加，人员的居住、休闲和商业服务配套需求迅速增加。为了满足这些需求，园区往往不断增加和完善相应配套，随着配套设施与服务的到位，园区及周边地价高涨，原先进驻园区的企业因地价、生产污染、劳动力成本等企业自身运营或政策因素，或主动、或被动地搬迁到其他地区。最终结果就是园区规划范围内由早期的企业入驻为主，逐渐变味成了新兴的生活区、商业区，如西安高新区、苏州高新区等都是如此。而那些没有发展起来的园区，连提升本地经济、引进外资和技术等基本目的都难以达到，更不用说其他了。

## 1.3.6 特色小镇

特色小镇的概念虽然是新的，但是自改革开放以来，各地以传统特色产业以及市场自然发展形成的区域产业聚集为基础，在村镇形成某一行业产业链协作分工的聚集地或通过行业内竞争合作形成整体竞争优势的，事实上就是以该行业为特色的特色小镇初级版。在经济层面，新版的特色小镇是在原有传统产业聚集模式基础上的创新和升级，是集特色产业的创新、生产、销售、服务于一体的产业空间组织形式，它将创新、绿色、开放、人文等理念嵌入其中，通过集聚高端要素提升创新能力，孕育提升特色产业，通过集聚相关企业提升产品竞争力增强有效供给能力，通过整合历史人文因素提升产业内涵，优化区域发展动能，通过产业链、创新链、服务链、要素链的有机融合来优化产业生态位，完善产业创新，从而提升内外环境。可以说，特色小镇是块状经济、产业集群演进发展的必然结果，更是新常态背景下区域经济从投资驱动向创新驱动转变的内在要求。虽然特色小镇建设同样离不开市场、要素、技术等内外因素，但创新却是其最核心的要素。特色产业支撑下的小镇通过创新的思维、创新的机制、创新的组织管理形成一个融文化创意、研发创新、成果转换、体验应用于一体的全方位立体化特色产业系统，进而在小镇范围内构建起由市场主体共同参与的知识或技术的共享、共创、共进机制，形成企业间知识外溢、技术扩散、收益共享的创新网络，实现创新资源在小镇范围的持续循环滚动配置，并进一步强化推动区域范围内产业的集聚发展。

特色小镇不仅仅是一个经济管理组织。在财政部、中宣部、教育部的政策解释中，特色小镇与以往园区最大的区别在于特色小镇是以小城镇整体为单位而不是以城镇的特定区域为单位，这就使得特色小镇不可能单纯地作为一个经济发展组织出现，必然带有社会管理方方面面的需求。这是第一次正式、明确提出特色小镇不再以经济发展为唯一目标，甚至经济类指标的权重可以降低到次要地位。财政部、中宣部、教育部给特色小镇下的定义分为两层：第一层是特色鲜明、产业发展、绿色生态、美丽宜居的小镇；第二层是有示范效应，能促进区域经济转型升级，推动新型城镇化和新农村建设的小镇。

特色小镇的出现是城市发展重心由园区型建设向周边城镇建设的思维升级，是破解城市发展过程中人居成本高企、地理面积受限、自然环境被破坏等瓶颈的最新尝试。特色小镇既要承担起接纳企业、支持产业发展的重任，同时也要化解园区经济中居民生活不便、人居环境破坏的难题。特色小镇作为集创新链和产业链于一体的产业集聚新平台，虽然具有"宜居宜业"的双重特征，但却远远有别于传统的行政单元和产业园区，其具有更强的开放性与系统性，这主要体现在：一方面，对外通过与全球创新网络相连接，可以把最新的产业创新信息、新业态、新的商业模式甚至创新人才源源不断地引进到本区域来，推动实现区域产业生态位的提升；另一方面，对内通过协同机制推进特色产业创新战略联盟和区域创新体系的建设，不断完善区域内市场主体的创新合作交流机制，促进区域内创新资源、信息和成果等互通共享，形成紧密精细的区域创新网络。

特色小镇提供的是一种舒适的生活方式。有现代化住宅和商业配套，却不同于城市；有山有水有良田沃野，却不同于农村；有诸多就业和创业机会，却不同于园区。特色小镇涵盖了城市的居住、产业、就业、创业优势，又融合了农村的自然生态优势，在城市化的进程中注入了一股清流。第一，特色小镇能提供更加生态的居住环境，满足了人性居住中"贴近自然"的需求。三十多年来，中国城市化进程高歌猛进，上亿人口从农村搬到城市。但是，城市从整体而言，并不是最宜居的环境，存在交通拥堵、汽车尾气污染、噪声、地下水污染等问题。城市固然带来了便利的医疗、教育、就业环境，但钢筋水泥森林却隔断了人们对自然的向往。特色小镇集合了城市便利的产业条件和农村自然环境两方面的优势，既有现代化住宅，又有山水和沃野，散发着泥土的芬芳。这样的居住环境正是很多人梦寐以求的。第二，特色小镇能构建新型社群关系，满足了人性对社交的诉求。人是群居动物，没有和谐融洽的朋友关系、社群关系、邻里关系，都是有缺憾的。就社区（社群）关系而言，可以说农村过热，城市过冷。特色小镇就有条件把两者融合，使之变成有温度的社群关系。第三，特色小镇会孕育出新的产业形态，能满足就业、创业需求。这包括两个方面：一方面，特色小镇会发展出当地需要的消费产业；另一方面，特色小镇还会发展出特色产业，并满足市场需求以及当地就业。

特色小镇也是城镇化的新探索。小城镇作为连接城市与农村的纽带，不仅起到了统筹城乡发展的作用，在城镇化过程中对于大量农村富余人口涌入大城市起到"蓄水池"的分流作用，也降低了城镇化社会成本。城镇化是农村人口转化为城镇人口的过程，主要有两条路径：一是农村人口"离土不进城"，留在小城镇，不进入大中城市，就近由从事农业产业转为从事非农产业，并实现生活方式的改变，由分散居住转为集中居住，享受城镇居民所能享受的生活便利和社会保障待遇；二是农村人口"离土又进城"，远离原先的熟人社会圈，进入大中城市。但中国除了农村成功经商人士、进城的农村大学毕业生和农村参军人员城市转业外，广大农村富余人口要真正留在大中城市是非常困难的，因此，城镇化的主要途径是发展包括县城在内的小城镇及发展小城镇中的内生型经济，只有做大、做强、做实城镇经济，才能顺利实现城镇化。特色小镇既承载着新产业的强势成长，又引领着传统产业的深度转型；既缓解城市发展瓶颈制约，又积蓄农村发展新的能量；既是供给侧改革的实践创新，又为全国新型城镇化建设探索经验模式。

# 1.4

# 特色小镇的基本要求

## 1.4.1 物质基础是基本前提

### 1.4.1.1 地理区位要求

不同类型的特色小镇，在地理位置上都有着自身的依赖性。

对于以旅游为特色的小镇而言，游客交通便利的重要性毋庸讳言。围绕中心城市不超过 2 小时车程，这几乎是国内所有以旅游为根基的小城镇、景区得以存在的先决条件。对于以不过夜游客为主的小城镇而言，到达中心城市快捷便利的交通的重要性更加突出，因为很少有游客会愿意把旅游全天的大部分时间消耗在路途上。而对于自身旅游资源丰富、足以吸引游客过夜的特色小镇，或者能够与周边具有互补性的旅游特色小镇形成互利合作的特色小镇而言，自身与中心城市的距离显得并不是那么重要，只要相互互补的小镇中有能满足以上条件的小镇存在，其他小镇通过相互合作、合理设计旅游内容以吸引和留住游客，也可能实现小镇的健康发展。

对于传统工业产业特色小镇而言，小镇发展的重点应在于工业产业链上下游的产业聚集便利、升级发展便利、产品流通便利。因此，此类特色小镇不一定要存在于中心城市周边，在交通方面只要能保证原材料输入和产品输出的物流便利即可。更重要的是，在小镇及周边聚集特色产业的上下游产业链能够有效支撑特色产业的发展。

对于以商贸流通为主要特色的小镇而言，小镇作为商品的集散地，其发展的重点应是围绕商贸货物的存储、交易和物流流通。小镇自身及所依附的大城市都应当拥有发达的铁路、公路、航空、水运等物流系统。如果是奥特莱斯式的小镇，目标群体主要是周边城镇的个人，那么仅需考虑周边城市的交通便捷即可。另外，在地理方面，是否适宜进行大规模的商品展示、仓储的面积是否足够，这也对此类特色小镇的发展起着重要的影响。

对于基于互联网等新工具创新的特色小镇而言，发展方向本身几乎不受制于小镇所处的地理位置。然而，从事于此类创新的人，往往对于从事此项工作的地点存在较多的挑剔，包括小镇交通便利性在内的综合环境，在很大程度上决定了此类企业的落户和人员的稳定与否。

#### 1.4.1.2 人口要素满足

不同类型的特色小镇对于从业人员、配套服务、小镇管理等的需求类型并不一致，对常住人口数量也有着不同的需求。特色小镇想要按规划发展运营起来，必须要有足够的人力资源储备。第一是人口规模。任何一个产业的发展都需要通过人来完成，小镇首先应拥有足够的人口来支撑特色产业的规模化发展以及配套服务的提供，尤其是劳动力密集型产业，在需要大量人口从事特色产业的同时,也需要大量人口从事本地生活服务、公共管理等配套工作。第二是本地人口应结构合理。每个产业的发展都需要有大量不同类型、不同层次的人才,他们的数量、年龄分布等应使得小镇具备发展特色产业的潜力和能力。第三是人口的流动性。对于特色产业的从业者来说,应当存在一定的人员流动,使得产业始终保持活力和发展。尤其对于旅游类特色产业小镇而言,还需要重点考虑游客的人口规模以及与之匹配的接待能力。

因此,特色小镇建设的对象应该选择有一定人口规模的现有小城镇。具备一定的人口规模,一方面,说明该小镇本身具有一定的人口集聚能力;另一方面,现有人口也是维持城镇基本功能,进一步发挥城镇特色的基础。有一定的人口规模,特色小镇建设才是有源之水、有根之木,可以在此基础上因势利导、突出特色,相对而言成本更低、风险更小。因此,特色小镇建设应当以具备一定发展基础的小城镇为重点,尤其要避免拔苗助长、无中生有,出现平地起高楼、凭空造城的情况。

#### 1.4.1.3 特色产业基础

无论是中国还是外国,也无论是小镇还是其他乡村,没有任何一个地区的特色是一夜之间凭空创造出来的。同样,小镇也是生长出来的。一个地区如果能作为旅游目的地,一般都是长年累月的历史积累形成了独特的自然风景、历史文化及遗存、独有特色的乡土美食等,才可能吸引外来游客络绎不绝的探访。一个地区作为工业产业和商贸流通集散地必然也是产业长期发展的结果,才在本地逐步形成了独具一格的产业优势,才能不断吸引产业资源向本地聚集,最终成为本地的支柱产业,才足以支撑地区经济的发展。即便是走在创新前沿的互联网领域,如果本地不具备吸引人才的基础,本地社会传统中没有足够支持创新、探索的文化,互联网领域同样也不可能在这里生根发芽。

因此,一个地区如果要建设特色小镇,首先要看有没有特色可以挖掘、值得挖掘。对于不同的领域而言,特色的"准入"门槛并不一致。对于直接面向全国乃至全球竞争的行业来说，如传统工业制造业，至少在国内，如果不能处于技术领先水平或者规模领先水平，占领行业高地，那么基本就不具备称之为特色产业的条件了。即便勉强以此建设特色小镇，既吸引不了产业及周边产业更多地聚集，也缺乏抵御外界更强大竞争者的能力，小镇也难以获得理想的发展机会。对于面向国内较大区域竞争的行业来说，如随着户外旅行而逐渐热起来的户外装备行业，由于国内东西部、南北方自然环境差异巨大，各地区旅游者对户外装备的需求并不完全重合，南方户外运动防水、防蚊虫需求更高，北方则更注重夜间防寒以及对雪地的适应性等。对于旅游者而言，具有区域针对性的户外运动项目及装备显然更有市场。因此如果结合本地区周边户外运动的需求，占据地区高地，那么也存在较大的成功可能性。对于即时现地消费型的行业来说，特色的"准入"门槛显然更低，如以农业产业园为基础的休闲型农业体验特色小镇。由于面向的人群基本可以确定在地市范围内的本地，所以拟发展的特色只需要在地市范围内独此一家或者显著领先，对地市范围内的消费者有足够吸引力即可。

## 1.4.2 坚持原则是必要保障

2016年可以说是国家统一规划、特色小镇走上快车道的元年，从2016年3月17日发布《十三五规划纲要》提出"要加快发展中小城市和特色镇，因地制宜发展特色鲜明、产城融合、充满魅力的小城镇"，到7月住房和城乡建设部、国家发展和改革委员会和财政部发布《关于开展特色小镇培育工作的通知》提出"到2020年，培育1000个左右各具特色、富有活力的休闲旅游、商贸物流、现代制造、教育科技、传统文化、美丽宜居等特色小镇，引领带动全国小城镇建设，不断提高建设水平和发展质量"，再到住房和城乡建设部公布了两批中国特色小镇以及后续的一系列支持特色小镇发展的政策。国家和各地方政府发布的这些政策令人目不暇接，这标志着特色小镇真正纳入了国家整体发展计划，一场轰轰烈烈的经济建设运动已经展开。

历史经验告诉我们,凡是运动式的创新发展,其推进过程中不可避免地会出现各种问题!规模越大,可能出现的问题越多、越复杂!与此同时,关于特色小镇建设的系统性理论指导,不仅在国内,即便在全球范围内也是匮乏的,我们只能摸着石头过河。

在国内,由政府主导产生的市场需求从来都不能简单地用"庞大"两个字涵盖。面对着价值至少数万亿元的市场需求蛋糕,无数的企业、机构、个人都想分一杯羹。而在各级地政府层面,短期内完成了学习浙江经验、学习部委政策精神、研究本地激励政策和落地实施方案等多个动作,精髓没吃透、思路不清晰、动作有变形等问题的发生在所难免。而这些也给一些试图影响地方政府决策给自己带来超额,甚至是不当利益的团体与个人创造了可乘之机。从政策发布不到两年的时间内,特色小镇在全国实践的阶段性成果在媒体的传播可以看出,某些特色小镇建设已经走偏了方向,也由于认识不清、理解不到位、操盘人自身能力有限、对本地分析不够透彻、好大喜功等原因不断涌现很多问题。为了最大可能地避免特色小镇走歪路、走错路,一方面应纠正政策发布中容易引起误解的内容,另一方面应深刻理解政策背后的实质导向。

国家"特色小镇"政策的核心思想是探索小镇建设健康发展之路,促进经济转型升级,推动新型城镇化和新农村建设。因而,建设特色小镇必须坚持如下三个基本原则。

一是坚持突出特色。这是建设特色小镇的第一原则。所谓突出特色就是小镇建设必须从当地经济社会发展的实际出发,发现和挖掘有竞争力、有发展价值的特色产业。特色小镇的建设可以学习先进经验,但是特色小镇建设的方案是不能照搬先进经验的,每一个特色小镇都必须依据特色资源优势,在注重生态环境保护、完善市政基础设施和公共服务设施的基础上,提出独具特色的发展规划并落实实施。

二是坚持市场主导。在总结过去几十年来各地经验教训的基础上,国家充分认识到由政府主导甚至包办的城镇化建设鲜有成功的可能,即便取得一些发展,也都是付出了超出常规的代价,没有可复制性。在市场经济的现代,只有尊重市场规律,充分发挥市场主体作用,才可能成批量地实现经济转型升级下的新型城镇化建设目标。政府所能起到的作用重心只能放在搭建公共管理平台、提供服务支持方面。

三是坚持深化改革。特色小镇作为镇级行政单位,地方政府本身就拥有相当灵活的管理权。特色小镇的建设可以从政府管理机制、公共服务机制、小镇运营机制的方方面面入手,在新经济业态不断涌现、竞争形式不断创新的现代,如果墨守成规,显然难以达到建设新型城镇化和新农村的目的。只有在遵循法无禁止即可行、尊重科学的方法和规律、遵守社会道德底线的基础上,在管理理念、制度设计、方法等各个层面鼓励创新,才可能真正推动传统产业改造升级,培育壮大新兴产业,打造出真正有活力、有竞争力的特色产业。

## 1.4.3 科学规划是必备环节

规划是特色小镇建设的起始,拍脑袋式的规划决策不可取,照搬成功经验或完全依赖第三方的规划也同样难以切实落地。因此,必须以科学的方法论来指导规划设计。

#### 1.4.3.1 特色小镇规划的目标设计

"规划"通常包括两层含义:一是指对未来确定目标;二是指为了实现目标,设计各种行动计划并把它们纳入到有条理的系统中,同时兼顾目标与行动才能称之为完整的规划设计。

随着社会经济的高速发展、市场活跃度的不断提升,各类生产、生活要素在不同区域间快速流动,经济活动集中于以城镇为中心的区域,资源配置也不能仅以单一城镇为中心。特色小镇规划是城镇区域规划的一类,在新型城镇化快速发展和"互联网+"正在迅速融合经济和生活方方面面的今天,更加需要跳出狭隘的传统属地范围规划思维来设计小镇的发展目标。在对小镇及周边区域，相关领域研究分析的基础上，才可能对小镇未来发展的目标进行科学的选择、对未来的行动进行科学的设计。

规划正式开始的第一个重要事项就是根据前期的实地调研和研究基础确定战略目标。目标清晰，首先，就要对小镇整体及规划各区的功能定位清楚明确，这需要真正从战略高度、全局出发的大智慧，往往需要广泛征求专家和社会各界的意见。其次，要在充分考虑显示能力与资源的基础上预测未来，虽然未来具有很大的不确定性，但这仍不失为引导设定目标不至于太偏的有效方法。再次，由于规划的目标受到太多因素的影响，规划中的行动计划也可能会因当时当地的条件变化而调整，因此不能认为规划方案出炉、发布后规划工作就结束。规划的调整也应成为特色小镇规划的一部分，伴随着整个规划的生命周期存在。

### 1.4.3.2 特色小镇规划的基本原则

(1) 以人为本。在未来的城镇化过程中，特色小镇发展的最终目的应该是让人的生活更舒适、就学更公平、就业更容易、就医更便捷。只有将人的生活教育、文化配套、养老养生、文化娱乐等产业主题和居所结合起来，才能称之为真正的特色小镇。从这些人的需求出发，特色小镇的发展没有边界，市场无限大。因而，小镇的规划需要立足"以人为本"，从基础设施到产业发展再到生活体验都围绕人的生活本质，最终通过运营，让小镇的每一个人都能安居乐业。

(2) 生长规律。从本质上来说特色小镇是生长出来，而不是刻意打造出来的，更不是任意克隆出来的。特色小镇的发展靠的是"培育"，而非"打造"，每个特色小镇都是限量版的，是独一无二、不可复制的。因此小镇的规划需要遵循小镇生长规律，明确产业发展路径以及小镇发展路径，分阶段发展。

(3) 多样性。特色小镇是指立足当地资源聚焦特色产业，集聚发展要素，融合产业、文化、旅游、生活和生态等多种功能，是不同于开发区和产业园区的创新创业平台。按照特色小镇的思路，是产、城、人、旅的结合，增加城市建设、生态环境、历史文化保护等内涵，使得每一个特色小镇各具特色，呈现出多样性的风格。因此，小镇的规划需要遵循多样性原则，避免特色小镇千篇一律。

(4) 自然和谐。特色小镇未来是真正实现人、居、产业、自然和谐的人类居住新模式的载体，因此，特色小镇规划必须遵循"自然和谐"的原则，将人与自然和谐共生的理念落实到特色小镇的方方面面。

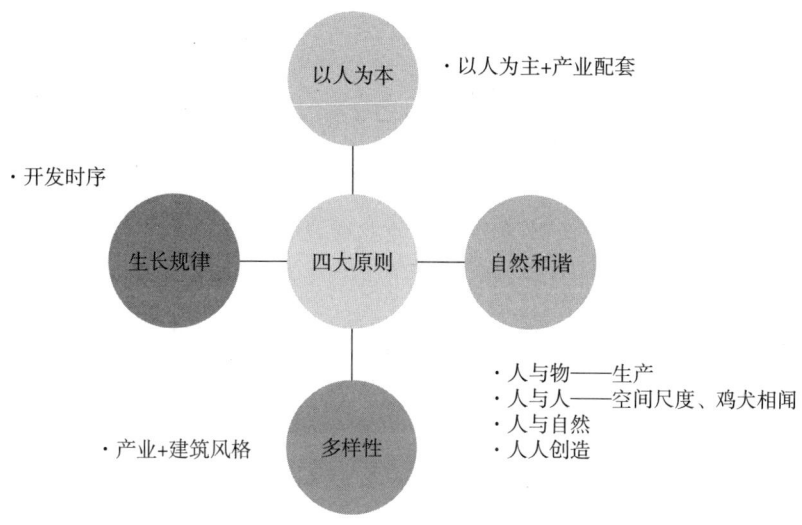

图1-1 特色小镇规划的原则

#### 1.4.3.3 特色小镇规划的主要内容

在综合考虑社会经济整体发展与社会人文环境发展的基础上，特色小镇规划工作，具体应包括以下几个主要方面的工作。

(1) 全面掌握基础资料，编制小镇发展的规划纲要。通过调查研究，收集小镇自身及存在竞争或可能产生互补共赢地区的产业经济和社会发展现状、中长期发展计划以及各项基础技术资料。在收集整理资料的过程中，还需要对本地区的自然资源、文化资源、社会资源和经济资源作全面分析与评价，明确与相关地区相比，本地区在产业资源及相关领域的优劣势及差异产生的根源,进而明确本镇经济重点产业和社会文化发展方向,确定本镇社会综合发展的内容与途径,编制发展的规划纲要。

(2) 对本镇经济产业发展进行合理布局。首先,要对本镇产业现状进行分析,发现问题和矛盾的根源。其次,充分调研本镇所具备的资源条件和优势所在,包括区位、交通、资源、文化、投资环境、产业基础,以及考察本镇周边的经济发展环境和条件、产业结构、配套要素等现状,结合宏观的产业发展形势和环境,为本镇选择合适的、突出特色的产业体系,并将各产业用地合理地布置在适宜的地点,使产业布局与资源、环境以及居民点、各类基础设施等建设布局相协调。最后,针对本镇的实际情况,充分体现"以人为本"的理念,提出适合本镇产业发展的运营管理建议,为小镇的长远发展考虑提出一系列具有可操作性的分阶段的策略措施。

(3) 拟订本镇居民公共服务体系的发展规划。在开发利用土地的同时,公用基础设施的布局与协调配合应同步设计。在为城镇居民提供良好的工作、居住和生活环境的同时,也为广大农村地区居民的生活、教育、医疗、交通、能源、给排水等提供便利的基础服务。

(4) 建立人与自然的和谐发展。过去几十年来,由于工业掠夺式发展带来的自然资源过度开发,已经造成了生态环境的广泛破坏,环境保护已成为刻不容缓的社会重任。特色小镇规划应力求减轻或免除自然灾害的威胁,恢复已被破坏的生态平衡,使大自然的生态向良性循环发展。

(5) 以系统性的评估规避风险。要证明特色小镇规划存在的必要性和科学性,只有一个方法:评估反馈。规划作为影响小镇长远发展的重要纲领,为了保障规划目标的实施方向正确,有必要及时开展对规划的系统性评估来尽量减少试错成本,提高规划的成功可能。对于小镇而言,评估规划的成功与否,不仅有利于特色小镇规划这项职能社会地位的建立与巩固,同时还有助于理解规划本身的不足和经验,对今后规划的有效性提升具有更现实的意义。从这个角度看,规划评估系统建设的重要性绝不亚于规划设计本身。

然而，一直以来，我国包括城镇在内的各项规划都侧重于以指导资源分配来推动区域发展，而很少重视对规划效果的评判。这一方面是决策者不重视，另一方面也是受限于对规划效果评估的方法不足、不系统。事实上，只要特色小镇规划不是以拍脑袋式的决策出炉，那么，对规划的评估在规划伊始就已经存在。任何一个规划方案在编制过程中以及付诸实施之前，都需要通过评估来提供政策依据。首先，要开展的是规划方案的备选方案评估。备选方案评估主要是通过构建数学模型来解释和预测不同方向、不同形式、不同顺序的开发建设活动对未来的可能影响，进而推导出不同的备选方案。这种评估研究应贯穿区域规划设计的整个过程。

在规划文件编制完成、发布实施之前，有两项重要的评估工作需要开展。一是规划文件本身是否完整、能否对规划目标形成充分的支持。二是规划在实施维度上是否具有可执行性，这里包括特色小镇规划与所属省市规划、特色小镇规划的重点产业与产业在全国整体政策等上级规划是否协调？特色小镇规划与环保等相关规划是否存在冲突？规划所涉及各职能部门的职责在规划方案中是否能协调一致？只有这些都通过评估，才能确保规划在政策执行层面具有可行性。

另外，判断特色小镇规划在执行上是否可能成功，从以下四个方面评估也可以比较简单快速地得出结论。

第一，规划管理体系是否有及时更新调整的机制。由于未来的不可预测性，在规划实施后随时可能出现计划外因素导致的行动没有按计划实施，这就需要及时对规划进行调整。因此，在规划管理机制层面是否有更新调整的规范设计，是判断规划能否成功实施的一个重要依据。

第二，规划是否兼顾灵活开放。规划设计是为了目标实现服务的。规划是行动纲要，指引行动计划，但是在具体操作的过程中，常常会因其他因素的出现而导致某些行动或者不能实施或者需要调整实施的顺序或者不再有实施的必要。因此要坚持市场主导，规划设计中就需要赋予规划体系一定的灵活性，以更好地应对市场变化、技术进步等。经验表明，一个不具备应有的灵活性的规划，也很难成功。

第三，规划是否能与利益相关者有效沟通。特色小镇规划涉及企业、居民、政府机构、公共事业单位以及各类社会团体等各方面，这些利益相关者对规划在某些方面的认知甚至比规划者本身更应具有权威性，他们的反应将在很大程度上影响着规划能否真的按计划实施。因此，成功的规划必然要与利益相关者有着良好的沟通，使他们能够理解并促成规划实施。

第四，规划是否充分在规划体系内实现了协调。特色小镇规划不可能是孤立存在于地区、存在于社会的。作为基层单位的规划，特色小镇规划与上级规划的纵向协调统一以及与专业职能部门规划的横向协同整合，是规划能够顺利实施的必要保障。

在规划的实施效果方面，传统的评估多是较单纯地从经济收益角度开展。然而，在特色小镇的规划发展中，经济收益只是目标中的一部分。更多的，要看在经济转型升级要求下，小镇在经济发展、生态环境、生活宜居三方面协同发展的结果。而生态环境的改善以及生活宜居带来的经济价值显然难以衡量，因此，仅从经济收益角度评估特色小镇的规划实施效果显然不合理。另外，在不同地区、不同发展阶段，这三方面发展的基础不一样，发展的迫切性也不一样，就更需要科学弹性评价体系来评价规划的有效性了。

事实上，特色小镇规划目标的复杂性已经决定了其效果评估的方法不可能简单。完全科学系统的评估不是做不到，但是能够囊括各项因素的复杂模型需要巨量的数据及其他信息输入，评估的成本对于小镇管理者或者上级管理机构来说都将是远远超出其承受能力的天文数字，因此需要相对简单低成本的方法。

在特色小镇规划实施的过程中，评估的核心应从规划的实施机制角度出发。由于规划属于政府政策工具，因此可以通过研究规划政策所产生的作用、建立系统的量化评估模型来评估其效果。简单而言，可以根据规划目标，利用日益发达的物联网和大数据技术，收集经济、环境、人民生活等关键信息,结合传统的访谈、调研方法,在关键节点对规划实施的核心内容进行监测,可以较及时全面地评估并得出阶段性结论,对发现的问题及时纠偏。

### 1.4.4 规划必须要因地制宜

许多政府的管理者都遇到过这种现象:借力外脑做出来的规划看起来很系统、很华丽,规划图、效果图很漂亮,然而到实施层面时依然无从下手;政府相关部门自身做的规划也难以完全按照规划推进、行动效果难以得到社会公众的认可。这些规划脱离实际,只能"墙上挂挂",曾经被一些专家批评为"规划就是鬼话"。一般来说,这些不切实际的规划都有如下几个特点:

(1) 闭门造车,只重形式。我国无论是政府机构还是企事业单位,都有做中长期发展规划的传统,在程序上一般每3~5年做一次并每年滚动更新。然而,有一些规划的编制没有依托宏观环境的深入研究与市场需求分析,也没有进行各相关机构管理者与基层单位的访谈调研。规划的基础是"拍脑袋"、揣测上级单位和领导个人的期望,输出的是根据标准化的规划模板、实际作用只能是上级单位和领导意志传声筒的规划报告。这种规划只能束之高阁、根本不考虑执行;或强推硬推、大拆大建,造成不必要的社会资源浪费,引发社会的不满。

**专栏: 案例——新城新区规划何以成"鬼话"?**

在特大城市限制人口、中小城镇扩容的情况下,一些中小城镇迫切希望加速发展,纷纷提出2020年、2030年人口倍增的目标。国务院有关部门数据显示,截至2016年5月,全国县以上新城新区超过3500个,规划人口达34亿人。

> 上述数据还是"据不完全统计",也就是说,全国县以上新城新区的规划人口有可能大于34亿人。问题随之而来:这些规划能容纳全球近一半人口的新城新区,将来谁来住?中国人显然不够,莫非需要外国人帮忙?
>
> 新城新区规划变成了"鬼话",主要在于某些地方政府官员的政绩冲动。大举造城,不仅能拉动新城新区土地价格,增加地方政府财政收入,推高地方政府GDP成绩单(成绩单就是官员的政绩)。中西部某市的市长给记者算过一笔账:"拿我们重点建设的某个城市新区来说,现在那里的地卖50万元一亩,但是整个基础设施上去了,价格就是1000万元一亩。给我五年时间,那边配套跟城区一样成熟,我投几百亿元下去,1000亿元就回来了。"
>
> 旧城区人满为患,带来交通拥堵等城市病,规划建设新城新区无可厚非。但新城新区建设必须建立在科学合理规划的基础之上。脱离实际盲目造城,必然会带来新的问题。如过度的房地产开发,不仅会造成严重的资源"空间错配",也使政府去库存任务愈加艰巨。事实上,在全国不少地方已经出现了杂草丛生、无人问津的"鬼城"。此外,过度的新城新区建设,可能会加剧乡村的萧条和冷落。新农村建设恐怕要成为空中楼阁。

(2) 好高骛远,脱离实际。区域规划是一项专业性很强的工作,需要专业的人士,采用专业的方法,凭借专业工具来完成,尤其是城市开发、园区建设等突破性工作往往还需要导入国内国际先进标杆。因而,一份专业、高水平、高层次的区域规划,往往需要引入专业的第三方规划编制机构。然而,规划的过程如果没有仔细分析自身的实际情况及与标杆路径、目标的异同,甚至于没有深入考虑选择标杆的标准是什么?选择谁为标杆?

过分依赖外部力量，过分看重标杆的指引，这样形成的规划，虽然感觉上很有高度，但是规划脱离了实际情况，结果就是规划无法执行。

（3）计划粗放，无法执行。区域规划是为区域系统服务的，规划只有可执行才有意义。因此，规划的落实应当细化为一系列的具有明确时间节点的行动计划，并确定执行计划的负责人和责任单位等，再加上相应的保障措施。但是很多区域规划缺少明确细化的行动计划，没有确定执行计划的负责人，没有确定相应的保障措施，也没有进行培训宣传或贯彻。虽然描绘了远大而鼓舞人心的发展蓝图，但是基层单位的实施人员不清楚如何操作和落实。

（4）朝令夕改，随意变更。规划应该是比较全面、长远的发展计划，是对未来整体性、长期性、基本性问题的思考和考量，并设计未来行动的整体方案。区域规划事实上就是向社会承诺了区域未来若干年内的发展方向、区域的整体布局，以及区域各项工程建设的综合部署，是一定时期内区域发展的蓝图，是区域管理的重要组成部分，是区域建设和运行管理的前提与依据。如果推进过程中，变更过于随意，会导致规划的效果大打折扣，区域的发展无法具备可持续性。

（5）陈腔滥调，远近如一。在现实中，我们每年都能看到包括各个政府机构在内发布的各种年度规划、中长期发展规划、重大项目规划等，很多规划中都有具体的项目和行动计划。仔细研究这些规划，有时候就会发现他们或是同一时间所做的具体事情不同，但目标几乎一样；或是不同的时间，但目标几乎一样。这种规划就失去了规划本身的意义了。

如何才能避免规划成为"鬼话"？首先必须以结合规划区域的实际情况为基础，避免放之四海而皆准的规划，其次规划完成后需要对其执行与落实进行有效监督，最后需要完善对规划修正的相关制度设计。

（1）立足规划区域的实际情况。

第一，做好实地调研。规划涉及土地、环境、人口、资源、技术发展等各类社会要素和自然要素，资源要素的不同决定了未来可发展的产业不同，因此在规划启动之后第一步必须对规划区域内以及周边的资源要素、产业基础、经济水平、人口等基础情况做系统扎实的调研，为后期的规划做好基础，这是做一个科学的规划所必须要做的关键步骤。

第二，产业规划前置。城乡规划、土地规划等法定规划一旦确定就具有法律效应，不能轻易更改，而城乡规划、土地规划的规划目的都是促进城乡的融合发展，城乡的发展又必然跟城乡的发展定位、产业方向息息相关，因此，只有整体定位与产业方向确定以后，才能针对整个土地、基础设施等进行相应的规划。而产业的方向必然需要立足当地实际，才能指导城乡规划、土地规划进行有效编制。

第三，城乡规划涉及从土地、环境、人口、资源、技术发展等各类社会和自然要素，无论规划部门如何专业，在条块分割的行政体制下，都很难从总体上实现协调一致。因此，就需要在立法层面更加智慧地解决规划的"顶层设计"问题。

(2) 监管务实落地。在现有法律框架下，充分利用《城乡规划法》是对城乡规划工作实施监督的最有效途径。

第一，行政监督检查。《城乡规划法》第五十一条规定：县级以上人民政府及其城乡规划主管部门应当加强对城乡规划编制、审批、实施、修改的监督检查。这一方面是要求地方政府能够对所辖范围内的规划相关工作及时开展自查自纠，另一方面也因为规划的实施涉及各个部门各个领域，由规划主管部门对规划的编制、审批、实施与修改在程序和内容两方面都进行专业性的统一监督。如果地方政府及城乡规划主管部门能够在法律的基础上，将要求细化为行动规范，制定相应行动的标准，那么行政监督就有可能实现真正的制度化长效落地，起到相应的约束、管理作用。

第二，人民代表大会对城乡规划工作的监督。《城乡规划法》第五十二条规定：地方各级人民政府应当向本级人民代表大会常务委员会或者乡、镇人民代表大会报告城乡规划的实施情况，并接受监督。人民代表大会虽然不能参与到规划的编制、审批等环节，也不能发起对规划的修改，但是人民代表大会集中了社会各方的代表，在某种意义上可以说是规划所影响的本地区各方利益相关者的典型代表，他们对于规划实施是否符合目标、是否符合本地区社会利益等有着切身感受。因此，人民代表大会的监督如果能够实现制度化，根据需要做到对重大项目随时监督与定期监督相结合，那么对于防止规划变成"鬼话"有着不可替代的意义。

第三，公众对城乡规划工作的监督。《城乡规划法》第五十三条规定：监督检查情况和处理结果应当依法公开，供公众查阅和监督。公众对规划的监督权是最弱小的，但是他们却是受规划影响最大的集体。如果地方政府能为公众监督提供更多便利，赋予地方法规保障规划所影响对象质疑规划目标设定、规划实施以及修改与否的权力，这不仅仅能对规划工作进行更全面的监督，还能鼓励公众更全面地参政议政，促进社会民主进步。对于特色小镇规划而言，所在地区一般人口有限，只要放开心态，就更容易做到这一点。

(3) 规划修改的制度设计。《城乡规划法》对规划的修改设置了相当宽松的条款。但是，在实际操作中，地方政府和规划部门不能仅仅以满足法律要求为目标，应该更多地对地区的长期发展负责、对公众负责。对于规划修改的发起，首先应明确激发起调整规划的要素是什么。在《城乡规划法》中，只明确了修改总体规划的前提，但是对于控制性详细规划完全没有标准可言。可能作为国家整体而言，能引发控制性详细规划修改的因素实在太多而无法一一列出，但是作为地方管理层，完全有可能将影响因素控制在有限的范围内，并以地方法规形式设计、明确，以约束潜在的、因长官意志或其他非合理因素而引发的规划修改。

在规划修改的过程方面，系统性的流程不可忽略。一是规划的修改应像规划编制一样，经过充分论证，根据现实情况有序进行，以确保修改的方向不是为了满足某些利益团体的私利或长官好大喜功的个人意志，而是适应社会经济发展、市场发展、技术发展、人民群众需求发展的实际情况。二是必须坚持程序合法，严格的程序绝不是"走形式"，它体现的是规则制定的严谨性。尽管严格的程序会导致牺牲"效率",但其结果可以保证规划修改结果更加科学、更加符合社会实际需要。三是要更开放地进行阳光规划修改。在《城乡规划法》第五十条:"经依法审定的修建性详细规划、建设工程设计方案的总平面图不得随意修改;确需修改的,城乡规划主管部门应当采取听证会等形式,听取利害关系人的意见"的基础上,应更进一步主动将规划修改内容向社会,尤其是所有可能产生影响的利益关系人公开,让他们都拥有知情权、参与权和监督权。

# 2 特色小镇的建设背景

## 2.1
## 国家宏观经济发展的要求

无论怎么理解，都无法否认小（城）镇是一定区域内的政治、经济、文化的中心，是社会经济及文化发展的必然产物，它以人口集聚为主体，以物质开发、利用、生产为特点，以集聚效益为目的，是集政治、经济、物质为一体的有机实体。截至2016年底，全国共有乡镇约40000个，其中建制镇有20883个，与1978年全国只有2176座小城镇相比，数量增长了9倍多。小城镇之所以发展快速，从根本上讲是社会经济均衡发展的必然要求，也是工业化发展和商业活动活跃的必然结果。因而，从国家整体经济发展的角度来看，发展小城镇具有重大的现实意义和深远的历史意义，起着推动区域经济发展的关键性作用。

### 2.1.1 发展小城镇是中国走向现代化的必由之路

什么是现代化？什么样的国家是现代化国家？国际上有不同的标准。但无论从联合国的标准来看，还是从经合组织的标准来看，城镇人口和非农就业比例都是区分发达国家与发展中国家的一个很重要、很清晰的界限。现代化是一个由传统社会向现代社会多层面、全方位转变的过程。从一定意义上讲，现代化是由工业革命引发和带来的，现代化的过程是工业化、城镇化的过程。当今中国，城镇化与工业化、信息化和农业现代化同步发展是现代化建设的核心内容，彼此相辅相成。城镇化是载体和平台，承载工业化和信息化发展空间，对带动农业现代化加速发展发挥着不可替代的融合作用。

## 2.1.2 发展小城镇是推动中西部与东部协调发展的可能支撑

改革开放以来,我国东部沿海地区率先开放发展,形成了京津冀、长江三角洲、珠江三角洲等一批城市群,有力推动了东部地区快速发展,成为国民经济重要的增长极。自 2000 年"西部大开发"战略实施后,我国形成东部、中部、西部三大经济发展格局。其中,西部地区为重庆、四川、贵州、云南、西藏、陕西、甘肃、青海、宁夏、新疆、内蒙古、广西十二个省(自治区、直辖市);中部地区为山西、安徽、江西、河南、湖北、湖南六省;其余则为东部地区。从经济总量上来看,东部地区占有绝对领先的优势。东部、中部、西部 GDP 总量的大致比例为 3∶1∶1。西部十二省(自治区、直辖市)的总量与中部六省份的大致相当,两者总和只占东部地区的 2/3 左右。从内部城乡差距上来看,西部的城乡差距最大,其中,贵州、云南、青海、陕西的城乡收入比都超过了 3 倍,贵州则高达 3.31 倍,成为全国城乡差距最大的省份。相对来说,中东部的城乡差距则要小很多。如目前城乡差距最小的是浙江,城乡比仅为 2.07。从城镇化率上来看,目前东部地区的常住人口城镇化率接近 70%,中部和西部地区只有 50% 左右,差了 20 个百分点,这意味着 15～20 年的差距。

依据发展的木桶原理,西部就是中国社会经济发展的那块最短板。短板是压力,也是机遇和潜力。在经济新常态下,西部更代表了中国经济的回旋空间。而西部地区相对丰富的地理空间和自然资源使得在行政区域维度上从小城镇入手突破,实现地区间平衡发展存在很大可能性。

## 2.1.3 发展小城镇有助于保持未来经济持续健康发展

内需是我国经济发展的根本动力,扩大内需的最大潜力在于城镇化。2016 年,我国常住人口城镇化率为 55% 左右,远低于发达国家 80% 的平均水平,还有较大的发展空间。城镇化水平持续提高能促进更多农民通过转移就业提高收入,通过转为市民享受更好的公共服务,从而使城镇消费群体不断扩大、消费结构不断升级、消费潜力不断释放，也会带来城市基础设施、公共服务设施和住宅建设等巨大投资需求，这些都将刺激产业结构转型升级，为经济发展提供持续的动力。

## 2.2
## 我国新型城镇化发展的要求

中共中央、国务院印发的《国家新型城镇化规划（2014～2020）》（以下简称《规划》）确立了新型城镇化建设六大基本原则，其中"文化传承，彰显特色"的原则备受各方关注。多方表示，《规划》将"发展有历史记忆、文化脉络、地域风貌、民族特点的美丽城镇，形成符合实际、各具特色的城镇化发展模式"作为原则之一，意在从思想上纠偏"千城一面"的发展困境，具有重大现实意义和深远历史意义。事实上，改革开放近四十年来，我国各级政府一直在尝试小城镇发展的突破之路，2016年的"特色小镇"政策的出台是在多年来各级各地探索发展的基础上，罕见的由国家层面统一发起的新的统一推进行动。特色小镇的发展模式其实就是一条新型城镇化之路，基于当前的政治和经济现实以及新型城镇化发展的要求，我国目前主要是通过特色小镇建设解决两大问题。

### 2.2.1 破解城乡二元结构弊端的急迫要求

我国城乡区别对待、"二元化"的户籍管理制度是1958年以后逐步建立和发展起来的，是物质普遍短缺时代计划经济的产物。附加在户籍制度上的土地、就业、就学、就医、住房等各种权利和福利因素，把公民按照所在地理位置的不同割裂成了两个发展机会与社会地位不同的阶层。

截至2016年，虽然有数以亿计的农民事实上已经进入了城市，甚至已经成为我国产业工人的主体，但受城乡分割的户籍制度影响，他们并没有能在教育、就业、医疗、养老、保障性住房等方面享受城镇居民的基本公共服务，在很多城市已经出现新的二元矛盾，农村留守儿童、妇女和老人的问题日益凸显，给经济社会发展带来诸多风险隐患。可以说，二元户籍管理结构导致的农村、农民发展普遍不足，已经成为了社会进一步发展的阻碍。

特色小镇能够依托乡镇人力和自然资源促进城乡社会政治经济各项要素互动。第一，通过汇集小镇和周边农村区域劳动力，为他们提供就业，使得他们的经济来源构成和数量都与城市居民具有可比性，首先从经济角度缩小城乡差距，使得城乡居民经济地位平等成为可能。搭建城乡发展一体化平台的有效举措是破解城乡二元结构的重要抓手，也是满足群众过上美好生活新期待的迫切需要。第二，乡镇劳动力凝聚的同时，土地等自然资源也可以统筹安排，有利于加速实现农业现代化和规模经营，提升农业发展绩效。第三，在资源集中集约使用、经济发展的基础上，才可能真正全面提升城乡统筹发展水平，实现公共服务对乡镇的有效、公平覆盖，进而推动更大区域的融合，形成功能互补、共同发展的城乡一体化发展格局。

### 2.2.2 推进全国新型城镇化目标实现

城镇化是伴随工业发展、非农产业在城镇集聚、农业规模化、现代化生产对人力需求降低后，人口向城镇集中的自然历史过程，是国家现代化程度的重要指标。鉴于我国发展遗留的"三农"问题以及简单土地城镇化粗放式高速发展后所面临的困境，《国家新型城镇化发展规划（2014～2020)》在提出"到2020年，常住人口城镇化率达到60%左右，户籍人口城镇化率达到45%左右，户籍人口城镇化率与常住人口城镇化率差距缩小2个百分点左右，努力实现1亿左右农业转移人口和其他常住人口在城镇落户"目标的同时，更提出了要坚持"以人为本，公平共享；四化同步，统筹城乡；优化布局，集约高效；生态文明，绿色低碳；文化传承，彰显特色；市场主导，政府引导；统筹规划，分类指导"的原则。

新型城镇化不再把目光聚焦于简单的GDP增长，而是强调以人为本的可持续发展。通过建设特色小镇推动产业聚集与调整，使过剩产能和积压的大量的厂房、土地、设备和劳动力等生产要素从过剩领域流到有市场需求的领域、从低效率领域流到高效率领域，提升资源配置效率，进而实现结构优化下的资源集约高效利用。

以生态文明理念推动农村户籍人口城镇化、非户籍常住人口市民化，科学、合理地引导有能力在城镇稳定就业和生活的农村人口向城镇转移，有序推动人口流动、增强城镇人口吸纳能力，形成常住居民。常住居民的各种需求又将促进地产、金融、公共基础服务等配套设施产业的发展，因此特色小镇是促进乡镇城镇化的重要载体，进而推动新型城镇化架构的形成。

由于我国幅员辽阔，人口众多，各地自然资源、文化风俗、经济基础等差异悬殊，东部的成功经验很难在中西部落地生根，即便同为东部的各个省市之间，也少有成功复制、落地生根的案例。事实证明，在我国无法采用统一的模式去发展小城镇。

同样，外国小城镇的成功经验看起来很美好，但是由于基础不同，发展目标也不一致，几乎没有引进、成功复制的可能性。

为了保持和刺激各地探索小城镇建设的积极性，缓解社会发展和经济发展转型的压力，充分挖掘小城镇的优势，发挥小城镇对大中城市政治经济中心的补充作用，发现不同地域、不同类型小城镇自身成长的动力源泉，实现小城镇在整体经济发展中的作用，国家开展统一部署，大范围试点特色小镇，因地制宜地推动探索多形态的小城镇建设。

## 2.3
## 小城镇自身发展的迫切需求

### 2.3.1　小城镇经济持续发展的需求

无论是经济发达地区还是欠发达地区，相当多的小城镇都由于经济发展的支柱——乡镇企业遇到的发展困境，而导致小城镇难以实现进一步的发展。从20世纪90年代中期开始，乡镇企业发展的社会背景和外部环境都发生了重大变化：整个国民经济进入了新的发展阶段，工业和商业获得长足发展，告别了短缺经济，工农业产品普遍过剩，由卖方市场转入买方市场。因竞争加剧导致产业结构不断调整和升级，新技术新应用层出不穷，人才更多聚集于大中城市使得乡镇处于人才洼地，使乡镇企业吸纳农村劳动力就业的能力明显减弱，也使小城镇的发展失去了资金及人流、物流的支持，乡镇企业普遍受到发展瓶颈制约和前所未有的竞争压力。

同时，与周边城镇相比，小城镇往往还陷于经济结构趋同、在产业低端中搏杀的困境。我国80%以上的小城镇均由农村型居民点发展而来，因而这些小城镇均具有较为典型的农产品集散和初加工型城镇的特点。这种建立在农业开发之上的城镇类型在发展中无疑缺乏足够的竞争力，趋同的产业结构和发展模式使相近地域的小城镇之间难以形成有价值的差异化。

特色小镇的建设可以通过与疏解附近大城市中心城区功能相结合、与本地特色产业发展相结合、与服务"三农"相结合，挖掘出真正有特色有价值的小镇特色产业，有效提升本土经济活力。通过发展理念和发展模式的创新引入充满活力的体制机制，推进现代服务经济、知识经济、体验经济以及特色工业经济等新经济在小镇得以发展壮大,实现小城镇经济的多元化,吸纳更多农村剩余劳动力在本地就业。原有的乡镇企业可以从融入新经济或者与新经济的交互中发现新的生机,而小城镇从对原有乡镇企业的过度依赖中摆脱出来,本地经济也有了持续健康发展的可能。

## 2.3.2 小城镇功能完善进化服务社会的迫切需求

我国小城镇普遍基础设施不完善。由于小城镇建设能力低下,管理能力薄弱,现有小城镇的城市建设大多沿袭了农村型居民点的发展模式,因商品集贸流通、人口和经济自然发展而逐步扩张成型,这造成了城镇发展缺乏前瞻性整体规划,用地集约性差,基础设施建设不配套、城镇景观与人文发展缺乏特色等许多问题。小城镇在金融、信息、技术等方面的服务能力偏低,使小城镇在人才和资金的引进、产品技术的更新、产业升级等方面都受到很大的限制,影响了小城镇功能的提高。而小城镇生活的舒适度、便利性、安全性等都存在诸多不足,更削弱了小城镇的吸引力,又限制了小城镇的进一步发展。

特色小镇的建设在帮助小城镇找到经济发展方向的同时,也帮助小镇理清发展思路、找到发展方法。无论发展什么样的特色产业,魅力宜居的人居环境是特色小镇的根基。借助国家和地方各级政府的特色小镇建设扶持政策,小城镇可以探索创新模式和方法,在符合大局的前提下,通过科学统一的规划,优先建设生态化和现代化公共基础设施,改善镇村人居环境,补足短板。在此基础上,通过对生态人文环境的合理开发和保护,真正实现小城镇管理和服务功能的现代化完善,提升本地居民的居住、生活水平,为小镇特色化发展打好基础。

特色小镇建设有助于坚持绿水青山就是金山银山的发展理念,突出与村镇绿色生态环境之间的协调统一,注重对生态人文环境的合理开发和保护利用;有助于彻底整改过去遗留的环境问题,提升全区域环保意识,加强饮用水源保护、河流治理、污染防治、污水垃圾处理等工作力度,实现对农村生态环境综合整治；有助于加快推进村镇配套基础公共服务设施的建设，软硬结合改善村镇人居环境，"留得住乡愁"的同时为创业置业提供良好氛围。

然而，在特色小镇建设实际推动工作中，仍存在不少为了建设而建设的现象。其中最典型的行为莫过于以行政地域为基础，设定××年要建设多少个××级特色小镇的目标。同时，通过媒体报道还可以看到，地方政府之间的攀比心理在特色小镇的建设规划中也不鲜见。如果各级政府和小城镇的管理者不能从全国经济社会和谐发展的宏观大局和本地人民生活水平和谐可持续提升的微观需求出发，那么，无论是宏观目标还是微观需求，显然都无法实现和满足。

### 2.3.3 小城镇相对大城市独具发展潜力

与大城市相比，小城镇更靠近各类农业产品和工业资源产地，不同的城镇之间更易于由此产生比较优势。同时，随着经济和交通的发展，大中城市的居民更多渴望能在假期远离都市的快节奏和压力，而小城镇及其周边的自然风光、历史文化遗存、特色饮食等都具有强大的吸引力和不可复制性。

在过去四十年的改革开放进程中，中国城市化建设基本是以"中心城市为驱动，以政治、经济、文化资源为核心，以地产经济为主要推手"的方式实现，从而形成巨大的人口聚集群。大城市的综合效益显而易见，与此同时也催生出了诸多大城市病，如交通拥堵、环境质量下降、人情淡漠等，以金融、政治、地产为核心动力的城市化过程对自然资源的压力也越来越严重。城市变得千篇一律，成为了24小时高效运转的生活机器。随着我国经济逐步由第一、第二产业向第三产业转型，特色中小城镇发展的资源优势开始凸显。近几年，一个很明显的现象是越来越多的都市年轻人选择到乡村创业，在那里工作、种菜、生活。在不少创业人士看来，在压力相对较小的中小型城镇发展反而成为了明智的选择。未来中国城市化的主流将转向以"特色城镇"为驱动力的发展方向。城镇蕴含着巨大的发展潜能，在自然资源、文化历史、特色产业、创业创新等许多方面都具有后发优势。首先，良好的自然生态条件为生态宜居、旅游休闲、风景观光、度假休养等城市人的生活需求提供了条件。其次，小地方有小地方的乐趣与情怀。很多中小城市的地方历史文化特色明显。最后，城镇的规模可控，还有机会规避"大城市病"，如水资源匮乏、交通拥堵、热岛效应、雾霾污染等。在产业布局及规划理念创新方面大有潜力。

## 2.4 乡村振兴发展的重要平台

乡村振兴战略是习近平同志于2017年10月18日在党的十九大报告中提出的。农业农村农民问题是关系国计民生的根本性问题，必须始终把解决好"三农"问题作为全党工作的重中之重。实施乡村振兴战略要坚持党管农村工作，坚持农业农村优先发展，坚持农民主体地位，坚持乡村全面振兴，坚持城乡融合发展，坚持人与自然和谐共生，坚持因地制宜、循序渐进。乡村振兴的最终目标就是不断提高村民在产业发展中的参与度和受益面，彻底解决农村产业和农民就业问题，确保当地群众长期稳定增收、安居乐业。

特色小镇建设的本质与乡村振兴"理念"是高度契合的，都是依托优美的自然环境，挖掘地域特色文化，通过搭建创新创业平台，培育特色产业，促进要素集聚，发挥比较优势，实现差异化发展，特色小镇可为城镇建设和发展注入创新动力。目前，小城镇处于城市体系的最基层，既是"城尾"又是"乡头"，也是乡村经济、政治、文化的中心。同样，在实施乡村振兴战略、实现城乡融合发展的过程中，通过建设特而强、聚而合、精而美、活而新的特色小镇，带动乡村特色产业，推进农业农村现代化，也必将成为乡村振兴重要的着力点和支撑点。

从目前的实践和案例来看，特色小镇大致可以分为两种形态，一种是嵌入都市型，地处大都市圈之内；另一种是远离都市型，处在相对偏远的传统乡镇、乡村地区。前者的典型代表是杭州的基金小镇、梦想小镇等，它们虽名为小镇，但并未脱离大都市圈，而是借助现代交通和城市相连，紧密地嵌入到大都市板块之内。后者如西藏林芝的鲁朗小镇，鲁朗是川藏线上一个著名的景点，由于过去没有像样的配套设施，游客想要停留过夜都没有像样的酒店，很多游客只能路过。鲁朗小镇建好之后，有了一个高水准的接待服务平台，是至少方圆数十公里乡村地区的旅游集散中心，对周边乡村旅游形成带动作用，并且在事实上带动了牧民民宿的发展。

目前，在广州、成都等许多大型城市，其都市圈范围内都布局着特色小镇。这些小镇是大都市在完成工业化之后，进行城市化升级和信息化建设的产物。高效的交通体系和互联网信息网络等让城郊也可以摆脱"边缘"的地理限制，很便利地接入大都市的协作体系。而在远离大都市的乡镇、乡村地区所建设的特色小镇则根本无法嵌入到大都市的体系之中，虽然能够不同程度地抓住现代交通、互联网的机遇，但城市里既有的服务配套及资本、人才等要素，很难向这类小镇自然地溢流。因此这种纯粹在乡村空间里的特色小镇的建设，其在逻辑上和嵌入大都市型的小镇是不同的：乡村地区的特色小镇建设不仅无法接受来自大都市的辐射，还要自己构建发展动能，主动从外面匹配资源，驱动小镇和周边乡村的联动发展。从国家已经公布的特色小镇名单来看，这种远离都市的、生长于乡村地区的特色小镇的比例还不小——毕竟全国范围内可以依托凭靠的大都市数量还是有限的，而广阔的西部与乡村地区，其特色小镇的建设所能依托的主要资源禀赋并非来自最近的城市的竞争力，而是来自乡村原有的自然地理和历史人文。

过去的乡村是处在一种"城区—建制乡镇—乡村"的市镇村体系里，这种体系自然是由行政权力引导的，其中的建制乡镇在产业上对乡村并没有必然的引导整合功能。而越来越多的特色小镇在乡村地区的建设，使传统的市镇村体系被"城区—特色小镇—乡村"的新体系所取代。在新的体系当中，特色小镇能够扮演传统建制镇所不具备或不必然具备的平台价值，包括作为乡村地区匹配外界资源，促进传统产业转型、特色产业发展、就地城镇化、历史文化保护与利用等多个层面的平台，尤其是对周边的乡村有着产业整合和辐射带动作用。

在新的阶段下，乡村振兴发展必须思考一系列新的命题。包括新时期乡村内生发展动力的培育、乡村在地文化的挖掘保护、乡村自然生态、乡村治理机制的提升和完善、乡村开放性重塑。但也要看到，乡村问题是整个社会系统问题在乡村地区的投射，此类问题的解决需要从社会协作的层面思考，只有乡村内外形成合力才有可能推动新时期的乡村建设。而特色小镇势必是整合乡村内外资源的重要平台。一方面，乡村地区的特色小镇建设必然要立足于乡村地区原有产业的转型升级，必须充分挖掘利用乡村原有的产业基础、资源禀赋和人才基础。另一方面，特色小镇将通过集聚资本、人才、创新创业等要素成为乡村地区对接外部资源的重要平台。

### 2.4.1 特色小镇是乡村文化符号进行表达的重要支撑

乡村地区遗存着大量的文化遗产，但许多具有挖掘潜力的文化符号仅仅依托传统乡村的载体很难得到有效传播和利用，更谈不上 IP 打造、国际化表达、产业链延伸。而借助特色小镇的平台将能够支撑起产城人文的融合发展，对在地文化的挖掘利用等方面也有着更大的想象空间。例如，云南楚雄州彝人古镇是以彝族的文化作为特色的文旅小镇，借助小镇的平台将彝族文化、生活方式进行系统呈现，小镇本身是一个旅游产品，也是文旅产业集聚地，更是承载和传播彝族文化的重要支撑。

### 2.4.2 特色小镇是乡村地区产业重塑的关键平台

作为产业带动型的小镇，特色小镇必然会对相应地区的产业生态进行重塑。在农业现代化、文旅产业升级背景下，休闲农业、特色农业等都将迎来发展的春天。如今很多地方都已意识到仅依托原有的乡村地区的确可以推动一些产业的发展，但由于乡村地区的体量限制，其所能容纳的人口、所能承载的投资密度也是有限的，因而难以支撑一个更为完整的产业链的形成。而目前的产业投资的趋势则是从投资某个项目转向投资产业链。例如，广东惠州的一个生命健康小镇依托当地山川河流和丰富的历史文化资源，并整合本地的医院和外来的资本，试图打造大健康产业小镇，从而形成大健康、旅游、文化、创意等链条清晰的集聚地，乡村农民也能借此解决就业问题。

### 2.4.3　特色小镇是乡村旅游资源整合和游客集散的依托

从文化旅游产业的角度来看，特色小镇对于乡村地区的旅游资源整合和游客集散有重要价值。整体而言，乡村地区的旅游资源是丰富的，却也是分散的、整合不足的，毕竟一个村落所能承载的客流量非常有限。但特色小镇则能承担起周边乡村地区旅游资源整合和游客集散的功能。如西藏林芝的鲁朗小镇，目前已开业迎客。鲁朗是川藏线上一个著名的景点，过去由于没有像样的配套，游客想要停留过夜也没有像样的酒店，很多游客只能是路过。鲁朗小镇建好之后，有了一个高水准的接待服务平台，至少是方圆数十公里的乡村地区的旅游集散中心，对周边乡村旅游形成了带动作用，并且切实带动了牧民的民宿发展。

从很多景区也发现，旅游景点景区的游客容量是有上限的，但是如果在景区附近建一个特色小镇，便有了更大的集散和接待能力，小镇就可以形成一个集散中心，不仅可以丰富旅游产品，也可以延长游客的停留时间。

### 2.4.4　特色小镇是农业现代化发展的重要路径

特色小镇和休闲农业关系密切，《国务院关于深入推进新型城镇化建设的若干意见》第十三条"加快特色镇发展"一节中提出，发展具有特色优势的休闲旅游、商贸物流、信息产业、先进制造、民俗文化传承、科技教育等魅力小镇，带动农业现代化和农民就近城镇化。特色小镇通过发展休闲农业、体验农业等打造第一、第二、第三产业融合发展的产业集群，这将成为农业现代化发展的重要路径。

### 2.4.5 特色小镇是解决农业农村农民问题的重要途径

我国农村人口过多，农业水土资源紧缺，在城乡二元体制下，我国人均耕地仅为0.1公顷，农户户均土地经营规模约为0.6公顷，土地规模经营难以推行，传统生产方式难以改变，这是"三农"问题的根源。城镇化逐步破除城乡二元制，总体上有利于集约节约利用土地，为发展现代农业腾出宝贵空间。随着部分农村人口向城镇转移，剩余的农民人均资源占有量相应增加，可以促进农业生产规模化和机械化，提高农业现代化水平和农民生活水平。农民向本地小城镇迁移，在避免大规模人口迁移可能带来的过高的社会成本的同时，也更有利于农民对社会环境的适应和融入，有利于社会整体的稳定、和谐发展。

## 2.5 田园综合体是特色小镇的发展方向

2017年中央一号文件首次提出田园综合体这个概念，提出要支持有条件的乡村建设以农民合作社为主要载体、让农民充分参与和受益，集循环农业、创意农业、农事体验于一体的田园综合体，通过农业综合开发、农村综合改革转移支付等渠道开展试点示范。田园综合体模式赋予了农民及其从事的产业自主"造血"的功能，是贫困农户脱贫致富的一条新路子，也是推进城乡一体化的新路径,因而特色小镇的发展,特别是农业特色小镇的发展应该可以首要考虑田园综合体的模式。

## 2.5.1 田园综合体与特色小镇战略具有一致性

培育特色小镇主要是打造特色鲜明的产业形态、和谐宜居的美丽环境、彰显特色的传统文化,提供便捷完善的设施服务,建设充满活力的体制机制。推进特色小镇规划建设有利于增强小城镇发展能力,加快城镇化进程;有利于改善城镇发展面貌,提高人民群众生活质量;有利于挖掘优势资源,发展壮大特色产业;有利于统筹城乡发展,破解"三农"难题。可见,特色小镇的建设也提出了与田园综合体有关的"三农"问题。

田园综合体是集现代农业、休闲旅游、田园社区为一体的特色小镇和乡村综合发展模式,是在城乡一体化格局下,顺应农村供给侧结构改革、新型产业发展,结合农村产权制度改革,实现中国乡村现代化、新型城镇化、社会经济全面发展的一种可持续性模式。田园综合体战略同样提到了"新型城镇化",这与特色小镇相关联。

## 2.5.2 田园综合体为农业特色小镇提供了方向

《关于开展田园综合体建设试点工作的通知》明确表示:"2017年将确定在河北、山西等18个省份开展田园综合体建设试点,每个试点省份安排试点项目1~2个。"中央财政从农村综合改革转移支付资金、现代农业生产发展资金、农业综合开发补助资金中统筹安排,支持试点工作。早在2017年初的中央一号文件就明确指出,支持有条件的乡村建设以农民合作社为主要载体,让农民充分参与和受益,集循环农业、创意农业、农事体验于一体的田园综合体。田园综合体通过推动第一、第二、第三产业深度融合发展,实现特色小镇由单纯观光向农业观光、农事体验、农耕文化品位相结合的复合功能转变。

# 3 特色小镇建设现状及存在的问题

## 3 特色小镇建设现状及存在的问题

自从国家财政部、中宣部、教育部正式提出培育特色小镇之后，全国各地关于特色小镇创建的投资项目如雨后春笋般喷涌而出，仅从百度搜索指数来看，"特色小镇"这个关键词的搜索量就远远高于这些年政府工作重点和经济热词的"去库存""扶贫攻坚""供给侧改革"等关键词。特别是2016年10月14日住房和城乡建设部公布覆盖了全国31个省市自治区的127个第一批中国特色小镇名单当天，"特色小镇"作为关键词的百度搜索量达到超过2000次的峰值，"特色小镇"俨然已经确立了其成为全国城镇经济建设领域的一大焦点的地位。

在政府和官方媒体的解读中，相当多的是把"特色小镇"模式当作国家供给侧结构性改革的一个重要的、新的方法来看待，更多的认为这是未来推进城市化发展、在实现去产能的同时保持地区经济发展以及扶贫攻坚的重要手段。

然而，从非官方的角度来看，"特色小镇"由于更具有社会化色彩，原先从事于房地产、旅游、区域规划设计与运营等相关行业的社会资本发现自己能够更容易介入、推动甚至引导发展，进而获得可观的利益。同时，非官方的研究者们也发现："特色小镇"的概念与以往的产业园、开发区、特色城镇、一镇一品等概念都有较密切的联系，且他们参与的门槛可能更低、有着更多发挥的空间，因而表现出了超乎寻常的热情。能充分表现这些社会自觉意愿的媒体平台——微信——也充分印证了这种热情。

表 3-1 截至 2018 年 1 月的微信数据

| 特色小镇 | | 去产能 | | 扶贫攻坚 | | 供给侧改革 | |
|---|---|---|---|---|---|---|---|
| 相关微信公众号 | 200 | 相关微信公众号 | 3 | 相关微信公众号 | 55 | 相关微信公众号 | 2 |
| 相关文章 | 18902 | 相关文章 | 100 | 相关文章 | 8850 | 相关文章 | 18901 |

资料来源：微信平台公众号。

如图3-1所示,与去产能、扶贫攻坚、供给侧结构性改革相比,各类社会机构和个人在短短不到半年的时间里,建立了200个名称包含"特色小镇"的微信公众号,是其他3个历史更加悠久、更广泛被政府媒体倡导的关键词之和的3倍以上。至于相关主题文章的发表,即便受限于相关知识历史积累不足,也同样远远超过了"去产能""扶贫攻坚"主题的文章。

## 3.1

# 特色小镇全国布局速度快

### 3.1.1 国家级特色小镇数量分布

2016年7月,国家住房和城乡建设部、国家发展和改革委员会、财政部联合发布《关于开展特色小镇培育工作的通知》,指出到2020年培育1000个左右各具特色的特色小镇。截至目前,国家已经公布了两批国家级特色小镇的名单,总共403个国家级特色小镇,其中,第一批有127个,第二批有276个。而东部地区获批数量最多,其中,江苏、浙江、山东等地第二批均获批15个,第一批均获批7~8个。

此外,2017年国家体育总局发布《关于推动运动休闲特色小镇建设工作的通知》,明确指出到2020年,在全国扶持建设一批体育特征鲜明、文化气息浓厚、产业集聚融合、生态环境良好、惠及人民健康的运动休闲特色小镇。目前已初步在全国选定了96个体育小镇示范性试点,其中北京、湖北、河北等地获批体育特色小镇数量均是6个,是全国获批数量最多的省份。

3 特色小镇建设现状及存在的问题

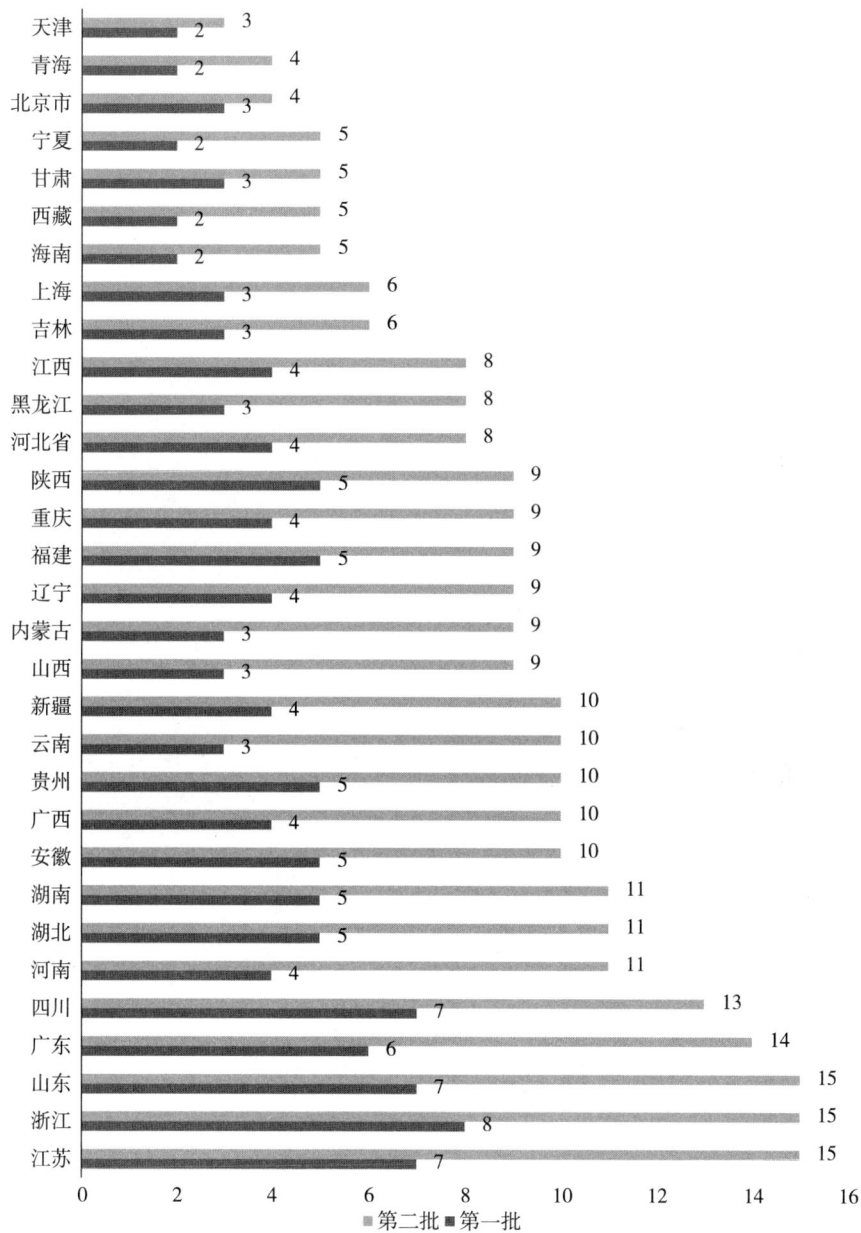

图 3—1 第一批和第二批国家级特色小镇数量分布

资料来源：国家住房和城乡建设部官方网站。

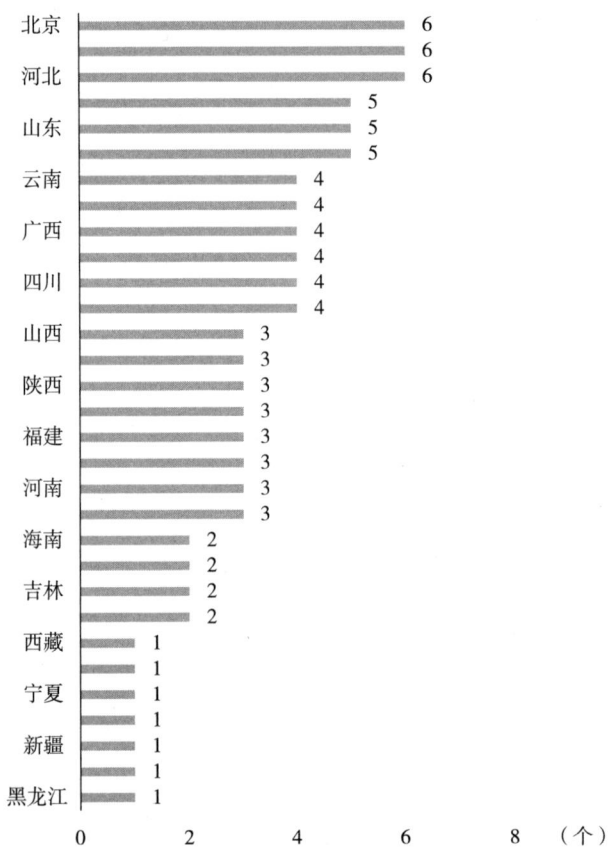

图 3—2 国家体育特色小镇数量分布

资料来源：国家体育总局官网。

## 3.1.2 省级特色小镇数量分布

自从国家发布培育建设特色小镇的政策之后，全国各省市区都积极响应，并明确了本省市区的特色小镇创建目标。截至2018年1月，全国共有20个省份已经公布了省级特色小镇名单，总数量达到1077个，其中发展较快的浙江省已经公布了三批省级特色小镇创建名单，共114个，占全国省级特色小镇总数的10.58%。此外，山东、黑龙江、海南、云南等省份的省级特色小镇创建数量也都超过了100个。

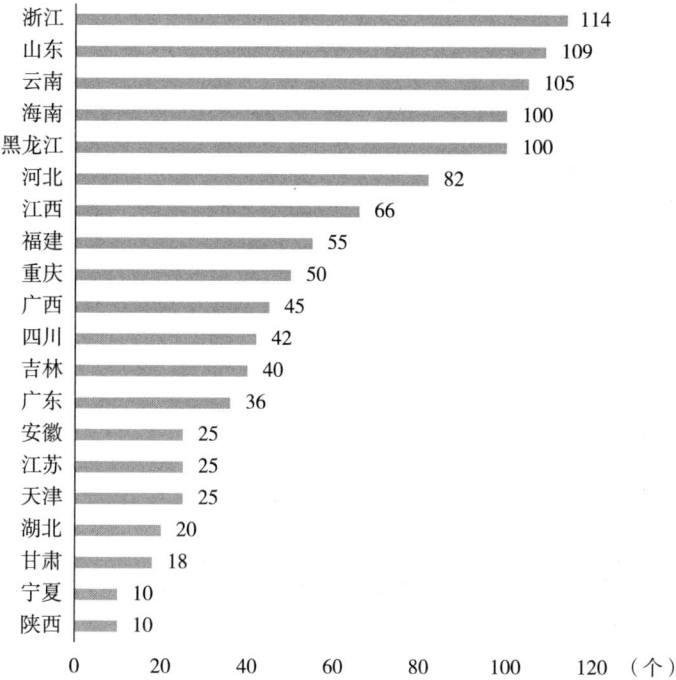

图 3—3　截至 2018 年 1 月全国各地省级特色小镇数量分布

资料来源：中经汇成。

## 3.2 特色小镇金融支持政策多

### 3.2.1　政府政策资金支持

（1）国家专项资金。

国家坚定要着力发展特色小镇，从多方面给予资金支持，其中国家发展和改革委员会、财政部、文化部、农业部等部委都明确提出了资金支持的办法或者数额。具体如下所示。

国家发展和改革委员会资金支持。关于特色小镇建设项目申请专项建设基金，实际上在财政部、中宣部、教育部文件出台之前在国家发展和改革委员会申请专项建设基金的第19项"新型城镇化"一项里面，有"特色镇建设"这一子项，其他几个子项也与特色小镇建设相关，分别是：国家新型城镇化试点地区的中小城市、全国中小城市综合改革试点地区、少数民族特色小镇。2016年10月8日，国家发展和改革委员会《关于加快美丽特色小（城）镇建设的指导意见》（发改规划〔2016〕2125号）表示将加强统筹协调，加大项目、资金、政策等的支持力度。

中央财政奖励政策。《住房城乡建设部 国家发展改革委 财政部关于开展特色小镇培育工作的通知》（建村〔2016〕147号）提出中央财政对工作开展较好的特色小镇给予适当奖励。

文化部文化产业发展专项资金。《文化部办公厅关于做好2017年度中央财政文化产业发展专项资金重大项目申报工作的通知》指出主要采取项目补助的方式，重点支持各地依托独特的文化资源，通过创意转化、科技提升和市场运作，提供具有鲜明区域特点和民族特色的文化产品和服务的特色文化产业项目。其中，重点支持文化类特色小镇中文化内涵丰富、体现当地特色、具有显著引领示范效应的文化内容创作生产、文化创意产品设计开发、文化产品展演展览展示项目以及促进文化企业孵化、创意成果转化、文化资源整合和产业融合发展的项目。主要采取贴息、风险补偿补助等方式重点支持符合国家政策方向的文化产业项目通过银行、基金、融资担保、融资租赁等方式融资发展。

农业部提供70%资金开展农业特色小镇建设试点。2017年12月，农业部发布《关于组织开展农业特色互联网小镇建设试点工作的通知》，提出对于自愿申报、审定合格的建设运营主体，专项资金按照PPP模式提供项目投资总额70%以内的资金支持，与小镇建设运营主体建立利益共建共享机制。在建设运营中,申报主体管理自有资金,负责建设运营工作,不能撤离资金或将资金挪作他用;专项资金管理办公室负责监管专项资金的使用进度和类别是否与建设运营方案一致,但不参与具体建设运营工作。

(2)地方专项资金。

除了国家对于特色小镇的专项扶持资金以外,各省市区也都出具了相应的奖励鼓励政策,截至 2018 年 1 月,我国有 15 个省/直辖市已经公布了特色小镇的专项资金奖励办法,其他省/直辖区虽然没有出台具体的政策,但是也都有相应的文件鼓励下级政府做好相应的资金扶持政策。

表 3-2　各省/直辖市特色小镇专项资金支持办法

| 省/直辖市/自治区 | 特色小镇专项资金支持办法 |
| --- | --- |
| 浙江 | 特色小镇空间规划范围内的财政收入分期返还 |
| 山东 | 每个列入创建名单的特色小镇补助 200 万元 |
| 四川 | 连续三年、每年给予 200 万~500 万元创建资金补助 |
| 湖北 | 新增财政收入分期返还,每年将安排特色小镇创建引导专项资金,奖补创建进度达标的小镇 |
| 湖南 | 以"借转补"方式用于扶持各地特色小镇建设,并采取"以奖代补"方式对年度评估情况较好的特色小镇予以奖励 |
| 广西 | 每个特色小镇培育资金 2000 万元予以奖励 |
| 云南 | 省财政安排每个特色小镇 1000 万元启动资金,省发改委安排每个特色小镇不低于 300 亿元的专项资金 |
| 内蒙古 | 整合各类已设立的相关专项资金,重点支持特色小镇市政基础设施建设。在镇规划区内建设项目缴交的基础设施配套费,要全额返还小城镇,用于小城镇基础设施建设 |
| 重庆 | 每年总共 3.5 亿元左右的专项补助,连续补助 5 年 |
| 陕西 | 重点示范镇每年省财政支持 1000 万元,文化旅游名镇每年支持 500 万元 |
| 河北 | 按照全省中心村建设示范点奖补标准给予重点支持 |
| 江西 | 江西省财政明确每年安排每个特色小镇建设奖补资金 200 万元 |

续表

| 省/直辖市/自治区 | 特色小镇专项资金支持办法 |
|---|---|
| 甘肃 | "以奖代补" |
| 宁夏 | 每个小镇每年给予2000万元支持，连续支持3年。 |
| 天津 | 每个实力小镇的基础设施项目给予不低于2000万元补助资金，每个特色小镇的基础设施项目给予不低于1000万元补助资金 |

资料来源：中经汇成。

浙江省。特色小镇在创建期间及验收命名后，其规划空间范围内的新增财政收入上缴省财政部分，前3年全额返还、后2年返还一半给当地财政；对在全省具有示范性的特色小镇，省政府给予一定的用地指标奖励。

河北省。河北省级财政用以扶持产业发展、科技创新、生态环保、公共服务平台等专项资金，优先对接支持特色小镇建设。河北省（市、县）美丽乡村建设融资平台对相关特色小镇的美丽乡村建设予以倾斜支持，对符合中心村申报条件的特色小镇建设项目，按照全省中心村建设示范点奖补标准给予重点支持，并纳入中心村建设示范点管理，对中心村建设示范县（市、区），再增加100万元奖补资金，专门用于特色小镇建设。

福建省。新增的县级财政收入，县级财政可以安排一定比例的资金用于特色小镇建设。发债企业1‰的贴息，省地各承担一半。50万元规划设计补助，省发展和改革委员会、省财政厅各承担25万元。

山东省。2016年省财政提前谋划，年初拨付首批特色小镇创建启动资金1.1亿元，支持各市先行开展特色小镇创建基础性工作。在此基础上，2017年再拨资金1.1亿元，按照每个小镇200万元的标准，对纳入创建名单的特色小镇给予补助，支持相关地区进行规划编制，基础设施、产业园区、公共服务平台建设，以及特色产业发展等，积极打造区域经济新的增长极。

安徽省。整合对特色小镇的各类补助资金。省发展改革委支持符合条件的建设项目申请专项建设基金；省财政对工作开展较好的特色小镇给予奖补；市、县财政进一步加大特色小镇建设投入。

重庆市。加大市级小城镇建设专项资金投入,调整优化市级中心镇专项建设资金,重点支持特色小镇示范点建设。从2017年开始,重庆市将每年给予包含合川区涞滩古镇、万州区武陵镇、北碚区金刀峡镇在内的35个市级特色小(城)镇建设3.5亿元左右的专项补助,用于环境综合整治,将连续补助5年。

甘肃省。省级财政采取整合部门资金的办法对特色小镇建设给予支持。同时采取"以奖代补"。

内蒙古自治区。各级财政统筹整合各类已设立的相关专项资金,重点支持特色小镇市政基础设施建设。在镇规划区内建设项目缴交的基础设施配套费,要全额返还小城镇,用于小城镇基础设施建设。

陕西省。重点示范镇每年省财政支持1000万元,文化旅游名镇每年支持500万元。

广西壮族自治区。成功申报广西特色小镇后,自治区财政按照每个特色小镇培育资金2000万元予以奖励,还将在土地供给、人才引进、品牌打造、投融资支持等方面获得相关优惠政策。

西藏自治区。自治区财政安排10亿元特色小城镇示范点建设工作启动资金。地(市)、县(区)人民政府以规划为统领,以基础设施项目、产业项目、民生项目为重点,进一步整合交通运输、住房城乡建设、农牧、水利、林业、电力等部门资源,调整资金结构,加大对特色小城镇建设的投入力度。

四川省。设立四川省文明特色小镇创建专项资金,采取以奖代补方式,省财政连续3年、每年给予200万~500万元创建资金补助;对于弘扬社会主义核心价值观、延续传承地方特色文化、带动当地百姓脱贫致富贡献突出的,省精神文明建设委员会一次性给予100万元创建资金补助。

湖北省。对纳入省级创建名单的特色小镇,在创建期间及验收命名5年内,其规划空间范围内的新增财政收入上缴部分,前3年由征收地政府全额返还、后2年减半返还。特色小镇符合条件的项目,优先申报国家专项建设资金和相关专项资金,优先享受省级产业转型升级、服务业发展等专项资金补助或扶持政策。2018年起，湖北每年将安排特色小镇创建引导专项资金，奖补创建进度达标的小镇。市、州、县也将整合资金补助小镇城乡规划、基础设施、公共服务平台等项目。

湖南省。省政府安排特色小镇建设专项资金，主要以"借转补"方式用于扶持各地特色小镇建设，根据各特色小镇项目建设等情况安排，并采取"以奖代补"方式对年度评估情况较好的特色小镇予以奖励。财政奖补资金用于特色小镇规划编制、基础设施和公共服务设施建设、生态环境保护、主导产业培育等方面，严禁挪作他用。

云南省。凡纳入创建名单的特色小镇，2017年，省财政每个安排1000万元启动资金，并由省发展改革委每年从省重点项目投资基金中筹集不低于300亿元作为资本金专项支持特色小镇建设，实现资本金全覆盖。2018年，按照财政资金绩效管理要求，对特色小镇财政资金使用情况进行中期绩效考核，考核合格的，全国一流特色小镇每个给予奖补资金1亿元，全省一流特色小镇每个给予奖补资金500万元；考核不合格的，限期整改，整改不达标的一律收回启动补助资金。3年创建期结束后，省财政厅将进行终期绩效考核，考核通过的，全国一流特色小镇每个再给予奖励补助9000万元，全省一流特色小镇每个再给予奖励补助500万元；考核不合格且限期整改不达标的，收回启动及奖补资金。

江西省。江西省财政明确每年安排每个特色小镇建设奖补资金200万元，用于对特色小镇建设年度考核合格的进行奖励。不过，一旦考核不合格，该笔资金不予奖励。

宁夏回族自治区。自治区财政将通过以奖代补方式，对列为省级培育对象的特色小镇，每个小镇每年给予2000万元支持，连续支持3年，主要用于特色小镇基础设施、公共服务设施建设。各相关部门安排的各类专项资金，优先向特色小镇倾斜。对符合PPP模式的特色小镇示范建设项目，自治区财政将按照项目投资额度规模，给予100万～500万元的奖励。省级特色小镇培育对象所辖范围5年内收取的城市维护建设税、城市基础设施配套费、耕地占用税，以及企业税收地方留成部分、土地出让收益按规定计提专项资金后的部分，由各县（市、区）全额安排用于特色小镇建设。

天津市。天津市设立了市级特色小镇专项补助资金，将原示范小城镇市财政预算内补助资金每年的7000万元，全部纳入市级特色小镇专项补助资金，形成资金池。从2016年起，"十三五"规划期间陆续对每个实力小镇的基础设施建设项目给予总额不超过2000万元的财政补助资金扶持，对每个特色小镇的基础设施建设项目给予总额不超过1000万元的财政补助资金扶持，其中市、区两级财政各承担50%；对验收达标的特色小镇，市级财政给予500万元的一次性奖励资金，专项用于特色小镇发展建设。

（3）特色小镇发展基金。

各省市地区除了出台特色小镇专项资金扶持办法以外，部分省市还成立了支持特色小镇发展的发展基金，用基金的方式撬动更多的社会资本进入到特色小镇建设当中。

北京市。北京市早在2012年就正式设立总规模100亿元的小城镇发展基金，引导本市42个重点小城镇打造成旅游休闲、商务会议、园区经济等五类特色小镇。首批试点镇包括房山区长沟镇、大兴区魏善庄镇和顺义区的李遂镇。募集分为两个阶段："十二五"时期，完成首期规模50亿元；力争到"十三五"时期形成总体规模达100亿元。基金主要由市政府、国开金融公司以及其他央企、京企、民企、社保基金、海外资金等共同出资。用股权基金的方式，探索解决小城镇建设的资金瓶颈问题，这在全国尚属首次。

山东省。山东省鼓励省级城镇化投资引导基金参股子基金加大对特色小镇创建的投入力度。

河北省。河北省鼓励和引导政府投融资平台和财政出资的投资基金，加大对特色小镇基础设施和产业示范项目支持力度。

江苏省。江苏省发展和改革委与国家开发行江苏分行、省国信集团战略合作设立特色小镇发展基金，为江苏省特色小镇提供持续、稳定和多元化的资金供给，还可提供股权、债权和PPP等多元化直接融资支持；提供比单个小镇在市场上融资更低的资金成本等，这样有助于特色小镇产业发展、文化挖掘和服务功能提升。

广东省。广东省发改委与上海复星高科技（集团）有限公司为共同推进广东特色小镇建设发展形成战略合作，设立广东特色小镇建设发展基金，在特色小镇基础设施建设、重大产业项目以及支持创新创业等领域开展全方位合作。基金总规模为1000亿元。其中，基础设施投资基金为500亿元，创新创业投资基金为500亿元。基金的设立将有利于吸引社会资本参与广东特色小镇建设发展，帮助特色小镇解决投资建设中的资金问题，助力特色小镇发展新产业、新业态、新模式，推动经济转型升级和发展动能转换。

海南省。海南省计划3年内统筹安排省级财政资金，与国家开发银行、光大银行等金融机构合作，设立200亿元规模的海南省特色产业小镇发展基金，专项用于特色产业小镇产业培育发展、基础设施和公共服务设施建设等。同时积极争取国家重点建设基金支持，省级已经设立的政府投资基金，能够向特色产业小镇建设项目倾斜的，应予以倾斜。

总体上来说，特色小镇投资基金主要有三种，分别是引导基金、开发基金和产业基金。第一类是引导基金，对这样的特色小镇或者PPP项目，以母基金的模式进行投资。第二类是开发基金，因为一个完整的特色小镇，不能没有比较完善的基础设施。对于基础设施的项目，还是要采用开发基金的模式进行投资运作，如国开行的城市发展基金，如厦门的一些基金，其实主要是投资市政公用、基础设施项目。第三类是产业基金，比如类似的风险投资基金，专注于对产业潜在某种企业进行投资；如农业有中农科产业发展基金；如一些文化产业，都专注于产业龙头企业。所以通过政府引导基金、开发基金、产业基金三种进行业务协同，进行整合，才能真正打造完美的特色小镇。

通过一些对三种基金做一个简单的对比，会发现各种基金的投资领域的回报差异。引导基金，主要目的是带动金融和社会资本，实现引导示范作用，基金属性主要是政策性范围，不以盈利为目的，实际上财政对于这个基金监管还是有比较高的要求，至少不能亏。有人认为政府引导基金在运作中有诸多政策限制，难以发挥作用。年回报率一般在5%～7%。退出模式是债权方面由项目公司回购，按期归还。股权投资方面，有约定回购，政府平台等进行回购。开发或建设基金，主要用于公用基础设施建设，基金属性是非政策性，要获取一定的盈利。主要是银行、保险等大型机构投资者，投资方式是股权或债券投资，年化回报率为8%～12%。产业基金主要对一些产业的企业进行投资，年化回报率为8%～15%。

## 3.2.2 金融机构支持倾斜

### 3.2.2.1 国家开发银行

重点支持范围：支持特色小镇的基础设施、公共服务设施和生态环境建设；支持特色小镇的各类产业发展的配套设施建设；支持促进特色小镇宜居环境塑造和传统文化传承的工程建设。

优先支持范围：带头实施"千企千镇工程"的企业等市场主体和特色小镇；开展特色小镇助力脱贫攻坚建设试点，对试点单位优先编制融资规划，优先安排贷款规模；优先"住建部公布的第一批中国特色小镇"确定的127个特色小镇；对纳入全国小城镇建设项目储备库的优先推荐项目，优先提供中长期信贷支持。

融资方式：包括投资、贷款、债券、租赁、证券、基金以及特许经营权、收费权和购买服务协议下的应收账款质押等担保类贷款业务。

### 3.2.2.2 中国农业发展银行

重点支持范围：以转移农业人口，提升特色小镇公共服务水平和提高承载能力的基础设施和公共服务设施；为促进特色小镇特色产业发展提供平台支撑的配套设施建设。

优先支持范围：贫困地区特色小镇建设。

融资方式：包括银团贷款、委托贷款、重点项目建设基金以及特许经营权、收费权和购买服务协议下的应收账款质押等担保类贷款业务。

#### 3.2.2.3 中国光大集团

中国光大集团充分调动下属金融和实业两个板块,从四个方面为特色小镇培育工作提供支持:第一,依据特色小镇规划和项目融资需求,统筹安排年度融资方式和融资总量,加大对特色小镇建设的支持力度;第二,指导各下属企业及其分支机构会同住房和城乡建设部确定特色小镇建设的投资主体、投融资模式等,对纳入全国特色小镇建设项目储备库中的项目,优先提供金融支持;第三,发挥中国光大集团多层次、多领域、多渠道配置资源的独特优势,整合各方面资源,为特色小镇建设提供因地制宜的综合金融解决方案,不断拓宽金融支持通道,充分满足特色小镇项目实施过程中的各种金融需求;第四,运用节能环保等领域的先进技术和成功经验,创新并设立生态保护、清洁能源、节能减排、资源综合利用等金融产品,积极支持特色小镇的绿色低碳发展。

#### 3.2.2.4 中国建设银行

重点支持范围:支持改善特色小镇功能、提升发展质量的基础设施建设;支持促进小城镇特色发展的工程建设;支持小城镇运营管理融资。

优先支持范围:优先支持住房和城乡建设部公布的"第一批中国特色小镇"确定的127个特色小镇。

融资方式:包括债券、股权投资、基金、信托、融资租赁、保险资金以及特许经营权、景区门票收费权、知识产权、碳排放权质押、创业投资基金、股权基金等开展投贷联动。

### 3.2.3 PPP 项目融资模式

在特色小镇的开发过程中,政府与通过公开招标方式选定的社会资本签署《PPP合作协议》,并按出资比例组建SPV(项目公司),并制定《公司章程》,政府指定实施机构授予SPV特许经营权,SPV负责提供特色小镇建设运营一体化服务方案。PPP合作模式具有强融资属性,金融机构与社会资本在PPP项目的合同约定范围内,参与PPP的投资运作,最终通过股权转让的方式，在特色小镇建成后，退出股权实现收益。社会资本与金融机构参与PPP项目的方式也可以是直接对PPP项目提供资金，最后获得资金的收益。

> **专栏： 特色小镇PPP模式案例**
>
> （一）油岭生态旅游小镇
>
> 2016年10月14日，中国电力建设集团有限公司与清远市连南县签署PPP项目战略合作框架协议，协议规定，双方将积极利用国家及各级政府鼓励的PPP模式，投资打造油岭生态旅游特色小镇为起点，扩大到连南全县全域旅游项目。具体项目建设将包括全县范围内的道路等基础设施，古建筑保护，生态环境保护，水环境治理，新景区开发与运营，学校、医院、污水处理等项目的规划、设计、建设和运营等。
>
> （二）深圳甘坑新镇
>
> "甘坑新镇"是深圳龙岗区政府与华侨城集团今年开始合作的一个城镇化项目，甘坑新镇的项目是通过政府与社会资本以PPP模式合作开发，大力发展新型文化创意产业，尤其是导入和培育具有高科技含量和高艺术水准的原创文化内容产业，形成高端文化创意产业园区，闲置的工业厂房摇身一变为IP文创产业、VR内容等科技产业以及创客的进驻地，带动"文化+"相关的科技、旅游、商业、生态、农业、教育、家居等现代新型城镇化产业的转型升级和快速发展。
>
> （三）合肥"PPP＋VR＋特色小镇"
>
> 2016年10月18日，安徽省路网交通建设集团股份有限公司与肥东县人民政府举行了签约仪式，双方正式签署《合肥VR小镇项目战略合作框架协议》。根据约定，政府方主要负责征地拆迁、立项可研、用地环评等项目前期工作。社会资本方主要负责小镇投融资、建设、VR产业

资源的引进和运营。

在国家推行PPP模式和特色小镇建设等多重政策叠加的引领下，政企双方将以创新发展为引领，以VR产业发展为支撑，以合资公司为载体，以长期合作共赢为目标，协同高效推进项目建设，确保小镇早日建成，成为合肥PPP模式下特色小镇建设的新标杆。

（四）浙江巧克力小镇PPP模式实践

巧克力甜蜜小镇位于浙江东北部的嘉善，一座集产业、旅游、文化为一体的巧克力甜蜜小镇，为亚洲目前最大的巧克力特色旅游风景区、全省10个省级示范特色小镇之一。规划面积为3.87平方公里，总投资为55亿元。自2014年10月开张运营。

PPP项目包装推介：在第三届世界浙商大会开幕式上，签约重大项目60个，其中有6个关于嘉善大云巧克力甜蜜小镇的PPP项目，分别为巧克力主题街区项目、甜蜜小镇酒店项目、民宿开发项目、婚庆商业风情街区项目、咖啡豆产业园项目、德国啤酒庄园项目。

多层金融体系保障。2016年，中国农业发展银行对巧克力甜蜜小镇已投放项目贷款10亿元用于基础设施建设项目。总投资15亿元的小镇基础设施建设项目，已与中国农业发展银行对接融资10亿元。同时，总投资4.3亿元的度假区环境综合整治提升项目，融资3亿元，目前正在与多家银行政策比选中。政府政策支持保障。嘉善县出台用地、资金、项目、改革、公共服务五个方面的政策措施，对小镇建设中新增建设用地，县里优先办理农用地转用及供地手续，优先确保重点项目、基础设施用地指标；部门资源方面，实行凡是符合小镇定位的招商项目优先向小镇集聚，基础设施、公共服务、人文环境等方面的资源优先向小镇倾斜，管理、建设、运营等方面专业人才优先向小镇配备的方针。

## 3.3 特色小镇建设参与主体多

特色小镇项目的开发建设是一个系统工程,从规划到投资、开发、建设、运营、管理等都需要专业的团队来执行,只有这些参与主体形成高效的协作关系,才能建成一个特色鲜明、宜居宜业、经济高效的特色小镇。根据特色小镇建设坚持政府引导、企业主体、市场化运作的原则,目前特色小镇的建设参与主体一般包括政府、投资商、地产商、金融机构、咨询服务机构以及运营商等多方面的主体。

### 3.3.1 政府

政府是特色小镇建设的组织者、引导者,但不是建设运营主体。一是政府负责特色小镇产业规划、总体规划、详细规划以及其他规划的组织与落地实施;二是政府做好服务的角色,为特色小镇的建设与运营搭建综合发展平台,包括技术、信息共享、人才、营销、推广、环保等平台;三是为特色小镇提供政策支持与创新,制定一系列促进特色小镇发展的产业、土地、环保、金融、合作等多方面的政策;四是提供高效的一条龙的行政服务,提供一系列绿色通道,提高效率。

### 3.3.2 投资商

投资商是对特色小镇基础设施、公共服务设施以及居住商业等的建设注入资金的投资主体,在实际运作中,投资商主要包括国有大型企业、央企、上市公司、实力较强的私企集团等,这些企业均有较强的资本实力以及融资能力，具备特色小镇投资建设的能力。

### 3.3.3　金融机构

金融机构与投资商是相对应的，投资商对特色小镇的投资资金不全是自有资本，有很大一部分来源于金融机构。而金融机构对特色小镇的资金支持也是显而易见的，包括银行、保险、债权、基金、投资机构资金等金融机构的资金，通过各种不同的金融形式，为特色小镇的建设提供金融支持。

### 3.3.4　地产商

国家部署的特色小镇建设项目要求建成宜居宜业的小镇环境。因而，在特色小镇项目中，一般都包含地产开发，包括居住地产以及商业地产甚至工业地产。而如今的地产商也已经不是简单粗暴的"拿地—贷款—盖房—卖房"循环，而是看中其中的优质土地资产以及基于土地的地产项目开发，这是特色小镇能够全面推向市场的资产基础，也是撬动特色小镇整体运营及完善基础设施建设的有效杠杆。目前，大型房地产商如碧桂园、华夏幸福、绿城、绿地、融创、华侨城、雅居乐、阳光城等企业在特色小镇方面均有动作。

### 3.3.5　咨询服务机构

特色小镇的建设光有土地、资金是不够的，必须有明确的顶层设计以及建设思路、建设方案作为指导，因而少不了各类咨询服务机构的支持，包括产业咨询、招商咨询、管理咨询、规划咨询、企业服务等咨询服务机构，特别是包含产业规划、总体规划、详细规划业务的规划咨询机构尤其重要。规划先行是特色小镇建设中非常重要的一环，通过规划，挖掘特色小镇的特色资源、比较优势，结合政策、市场情况，形成特色小镇独特的战略定位和产业体系，以及充满文化内涵的景观、环境打造，才能形成一个真正有特色的小镇。

### 3.3.6 运营商

运营是特色小镇建设过程中最难的一环,涉及产业、营销、管理、资金、人才、招商等多方面的资源和整合能力,是一个综合运营的系统工程。因此,需要一个经验丰富并且综合运营能力较强的综合运营商进入,然而这方面的资源目前还是稀缺的。以往的园区运营商、城市运营商也都在摸索小镇的运营之道。

## 3.4 特色小镇的主导产业类别少

### 3.4.1 主导产业为旅游业居多

127个第一批中国特色小镇中,有12个同时拥有2个主产业,其他都是只有1个主产业。同时,由于历史原因限制,首批中国特色小镇的主产业分布相当不均衡,以自然风光和历史古镇为主的旅游业作为小镇主产业的,占了首批特色小镇总量的60%以上。

表3-3 第一批中国特色小镇主产业分布　　单位:个,%

| 主产业 | 旅游 | 工业 | 农业 | 商贸物流 | 矿产 |
| --- | --- | --- | --- | --- | --- |
| 数量 | 81 | 26 | 15 | 3 | 2 |
| 占比 | 63.8 | 20.5 | 11.8 | 2.4 | 1.6 |

资料来源:中经汇成。

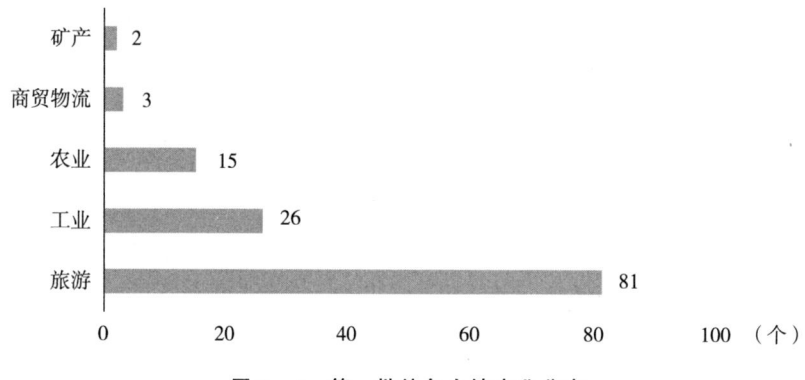

图3—4　第一批特色小镇产业分布

资料来源：中经汇成。

第二批国家级特色小镇已经控制了旅游小镇的数量，新增了一些例如健康、文创、环保、教育等其他类型产业的特色小镇。然而，旅游小镇仍然是占比最大的，接近一半即42.8%，118个，其次是工业和农业。

表3—4　第二批中国特色小镇主产业分布

单位：个，%

| 主产业 | 旅游 | 工业 | 农业 | 商贸物流 | 健康 | 文创 | 环保 | 教育 |
| --- | --- | --- | --- | --- | --- | --- | --- | --- |
| 数量 | 118 | 55 | 67 | 10 | 10 | 8 | 6 | 2 |
| 占比 | 42.8 | 19.9 | 24.3 | 3.6 | 3.6 | 2.9 | 2.2 | 0.7 |

资料来源：中经汇成。

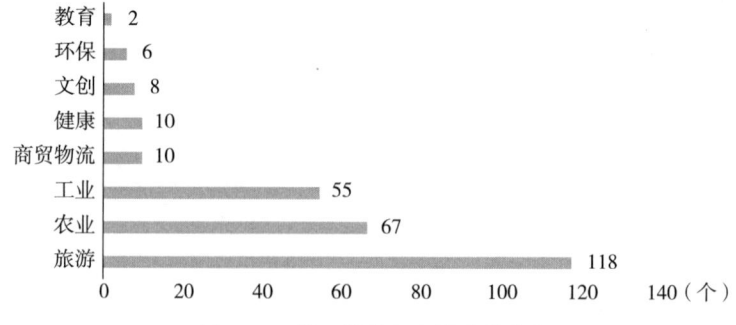

图3—5　第二批特色小镇产业分布

资料来源：中经汇成。

据统计，两批特色小镇中，85%的小镇拥有省级以上非物质文化遗产，80%以上的小镇定期举办民俗活动，70%以上的小镇保留了独具特色的民间技艺。

### 3.4.2 主导产业发展基础扎实

对特色小镇而言，产业是核心，这无疑也是全国特色小镇认定、评定的命门。此前，浙江省级多家特色小镇遭警告、降级，甚至淘汰，均是由于在特色产业和产业链培育、招商上缺乏后劲。因此，第二批全国特色小镇入选名单中，对产业和产业链的重视可见一斑，大部分入选国家级的特色小镇主导产业都是具备较强的产业基础或者历史积累的。以此次入选的广西贵港市港南区桥圩镇、湖北咸宁市嘉鱼县官桥镇为例。在入选之前，上述小镇在羽绒产业、新材料产业方面已经有所发展和建树。其中，广西贵港市港南区桥圩镇是全国重点镇和"中国羽绒之乡"。年加工羽绒产量占全国总量的28%，占全世界的18%，成为与浙江萧山、广东吴川齐名的全国三大羽绒基地之一。目前，该镇规模以上企业达31家，2016年工业总产值达58.5亿元。未来该镇的目标打造为以羽绒产业休闲旅游为主的"温暖"小镇。

相比发达地区特色小镇动辄上千亿元的工业规模，桥圩镇的这两大产业也许不是很突出，但对带动当地工业发展、帮助当地农民致富发挥了极其重要的作用。当地政府甚至还提出了把桥圩镇建设成为贵港市副中心的远景设想。新材料产业是战略性新兴产业中的生力军，发展新材料特色小镇不仅战略意义重大，而且为特色小镇找到优质特色产业抢占了先机。此次入选的湖北咸宁市嘉鱼县官桥镇便是一个新材料小镇，聚焦新材料，对新材料产业"情有独钟"。截至目前，官桥镇新材料生产企业已达14家。

### 3.4.3 新兴产业的支撑力明显

节能环保、新一代信息技术、生物、高端装备制造、新能源、新材料和新能源汽车等战略性新兴产业广泛融合，不仅加快推动了传统产业转型升级，涌现了大批新技术、新产品、新业态、新模式，而且也为特色小镇的建设提供了有力支撑。在各地的特色小镇建设中，战略新兴产业成为小镇产业的优先选项。

在国务院印发的《"十三五"国家战略性新兴产业发展规划》中，着重指出要打造10个左右具有全球影响力、引领我国战略性新兴产业发展的标志性产业集聚区。同时提出，要充分发挥现有产业集聚区的作用，由招商引资向引资、引智、引技并举转变；由产城分离向产城融合转变；防止园区重复建设；鼓励战略性新兴产业向国家级新区等重点功能平台集聚。

《"十三五"国家战略性新兴产业发展规划》中还提出，将加快设立国家融资担保基金；推动发展一批为飞机、海洋工程装备、机器人等产业服务的融资租赁和金融租赁公司；完善鼓励创业投资企业和天使投资人投资种子期、初创期科技型企业的税收支持；积极支持符合条件的战略性新兴产业企业发行债券融资；积极推进知识产权质押融资、股权质押融资、供应链融资、科技保险等金融产品的创新。

《"十三五"国家战略性新兴产业发展规划》中突出园区由产城分离向产城融合转变，与特色小镇的产、城融合要求是一脉相承的。而在各省市陆续出台的特色小镇建设扶持政策中，均对引进、吸引战略性新兴产业入驻特色小镇表现出浓厚兴趣。

江苏省提出，特色小镇将聚焦于高端制造、新一代信息技术、创意创业等特色优势产业；《山东省创建特色小镇实施方案》提出"培育海洋开发、信息技术、高端装备、节能环保等新兴产业"。

在青岛市《关于加快特色小镇规划建设的意见》中，明确提出特色小镇产业培育以蓝色、高端、新兴为导向，聚焦十大战略性新兴产业、十大现代服务业等。

目前，国内较为知名的梦想小镇、基金小镇、硅谷小镇、地理信息小镇、千岛湖航空小镇等特色小镇，均采用的是"战略性新兴产业＋旅游"

模式，其特点是面向未来，发展有广阔前景的现代信息、科技、高端制造等战略性新兴产业。其中，北京基金小镇在建设中明确提出，重点支持高技术制造业和战略性新兴产业的孵化前项目和创新创业企业。

此外，多地建设中的硅谷小镇也均是在打战略性新兴产业牌。浙江富阳市硅谷小镇作为浙江首批省级 37 个特色小镇之一，提出以光通信、信息技术、工业设计和文化创意产业为重点发展智慧经济，集聚科研机构和智慧经济企业。位于武汉市东湖高新区的硅谷小镇则以美国加州湖北同乡会为纽带，由硅谷创业者投资建设融合硅谷元素的科技创新智慧生态小镇，将对接美国的高端孵化创新机构，积极引进硅谷的人才和项目。

特色小镇对战略新兴产业的渴求也源于未来战略新兴产业本身发展的无限想象空间。以地理信息产业为例，包括航空数码相机、倾斜相机、无人飞行器航摄系统、应急监测系统、移动测量系统等大批技术装备产业，该产业目前保持年均 20% 以上的增幅。作为浙江首批省级 37 个特色小镇之一，浙江德清地理信息小镇的前身是浙江省测绘与地理信息局和德清县共建的浙江省地理信息产业园。该小镇以地理信息产业为核心，目标是打造地理信息产业集聚区。重点对接中航工业集团商业遥感卫星项目、中国兵器工业集团位置网区域服务项目、航天科工集团高分中心项目等央企重特大项目的落户。目前，已有 77 家涵盖数据采集获取、加工处理、应用服务及软件研发、装备制造的地理信息企业汇聚小镇。德清地理信息小镇核心区凤栖湖湖心岛也被确认为联合国全球地理信息管理高层论坛永久会址。

## 3.4.4 农业成为小镇发展潮流

近年来，中央涉及"三农"的出台政策均对农业类特色小镇给予了政策支撑。在农业部《关于开展中国美丽休闲乡村推介工作的通知》中，明确强调了在"中国美丽休闲乡村"推介活动中，"集中连片发展较好的、以休闲农业和乡村旅游为主要产业的特色小镇"将可推荐申报中国美丽休闲乡村。农业部表示，各地上述农业类特色小镇在申报提交后，将可以和历史古村、特色民居村、现代新村、特色民俗村等一起，在休闲农业专家委员会进行审核，公示后被认定为"中国美丽休闲乡村"并授牌。在国务院下发的《关于进一步促进农产品加工业发展的意见》中也提出，要求农业部、国家发展和改革委委员会、质检总局等负责推进，加快建设农产品加工特色小镇，实现产城融合发展。此外，农业部发布文件指出，到2020年要在全国建设、运营100个农业特色优势明显、产业基础好、发展潜力大、带动能力强的农业特色互联网小镇。

特色小镇的核心要素是要有特色产业支撑。而经济欠发达的农业地区，尤其中西部地区的大多数小镇由于在选择特色产业上还有难度，便不由自主往相对容易的休闲农业类特色小镇上靠拢。国家级特色小镇中，中西部地区中农业类便占了一定比例，有代表性的有：陕西省杨陵的五泉镇（高效农业、特色农业）、甘肃武威市凉州区清源镇（葡萄产业）、宁夏固原市泾源县泾河源镇（中药材产业）等。

目前，各省农业类特色小镇已经蔚然成风。在江苏省《关于培育创建江苏特色小镇的指导意见》中，明确有现代农业类别。要求小镇主导产业为第一、第二、第三产业融合发展，要兼顾到高科技农业、品牌农业、互联网＋农业、创意农业等。并且江苏省已经公布了105个农业特色小镇的名单，涵盖了农业历史经典产业、非物质农业文化遗产保护、农耕文化、农家乐、创意休闲农业等多种特色小镇。果蔬采摘是小镇名录中最多的一类，如以阳山水蜜桃闻名天下的无锡惠山区阳山镇的"蜜桃小镇"、南京溧水区白马镇的"蓝莓小镇"、苏州吴中区东山金庭的"枇杷小镇"等。

湖北省出台的《关于加快特色小（城）镇规划建设的指导意见》也提出，重点瞄准高端装备制造、新材料等产业，兼顾香菇、茶叶、小龙虾、酒类等传统特色产业。

四川省发展和改革委员会发布的《四川省"十三五"特色小城镇发展规划》中，提出在2016～2020年，培育发展200个左右特色小城镇，重点打造六大类特色小镇。其中现代农业型特色小城镇为45个，位列第二。

山东省政府60个省级特色小镇创建名单中，济南平阴县玫瑰小镇、东营市利津县陈庄荻花小镇、潍坊临朐县九山薰衣草小镇、济宁金乡县鱼山蒜都小镇、德州庆云县尚堂石斛小镇等均为农业类特色小镇。

在甘肃省级的特色小镇创建名单中，有兰州市皋兰县什川梨园小镇、金昌市金川区双湾香草小镇等农业类特色小镇；安徽省第一批特色小镇名单有六安市霍山县石斛小镇；河北省省级特色小镇中有馆陶县黄瓜小镇。

# 3.5
# 特色小镇的运营管理问题多

国家级特色小镇（即特色小城镇）运营体制机制创新效应显著。从资金来源方面来看，约一半的小镇采用了PPP模式，有近3/4的小镇采用购买市场化服务项目的模式进行运营；约90%以上的小镇建立了规划、建设、管理机构和"一站式"综合行政服务，大大缩短了行政管理的链条并提升了效率，同时约80%的小镇设立了综合执法机构。

由于特色小镇多数处在开发与建设过程中，这里以最早开始特色小镇建设的浙江省为例子，总结了几个特色小镇运营管理中普遍存在的问题，具体如下。

## 3.5.1 投融资渠道少，资本支撑后劲不足

根据《关于加快特色小镇规划建设的指导意见》，原则上特色小镇投资应在3年内完成，其中26个加快发展县（市、区）建设期限可放宽到5年，

第一年完成投资不少于 10 亿元。目前浙江省部分特色小镇普遍存在投融资渠道少、投资额低、项目进度缓慢的现象，如杭州天子岭静脉小镇 5.22 亿元、平湖九龙山航空运动小镇 3 亿元的年投资额远低于标准。此外，小镇在基础设施建设、人才引进、产业发展、项目推进等多方面都需要资本的投入，然而政府的招商引资能力弱、投融资平台作用小以及民间投资少。因此，小镇建设过程中资本的流动性较弱，小镇建设缺乏资本的支撑。

### 3.5.2 主导产业模糊，功能叠加不足

特色小镇建设的核心是发展特色产业，突出"一镇一品"，避免再次出现产业同质化、千镇一面的现象。而当前部分小镇定位不明确，未能深入挖掘自身特色所在，小镇的发展规划不能契合当地的区域特色，从而导致主导产业模糊化，与特色小镇定位不相符的产业得到大力发展的现象大有所在。

特色小镇建设重点在于三大功能：产业培育功能，生态居住功能，旅游、度假功能，从而打造一个产、城、人、文四位一体的新社区。然而部分特色小镇在规划时未能很好地考虑到这些功能的融合，导致功能叠加不足。一是产业与旅游功能融合不足。小镇未能开发与特色产业相关的旅游项目和产品，对游客的吸引力弱。二是产业与文化功能融合不足。部分小镇对自身的历史文化内核的挖掘与开发重视度不够，反而大力发展新兴产业，使得传统文化与现代产业难以融合。三是产业与社区功能融合不足。特色小镇的建设需要引进人才，然而却不能同步做到强化社区的管理、服务、保障、教育、安全稳定五大基本功能，小镇还停留在工作赚钱的功能，没能形成良好的社区生态，人们对小镇的归属感不是很高。

### 3.5.3 人才引留困难，类型过于单一

当前的高素质人才和创业人才对创新创业环境要求较高，然而浙江省大部分特色小镇还缺乏良好的生态环境、便捷的交通、先进的医疗和教育、舒适的居住环境，尤其是一些县市区内的特色小镇缺乏完善的基础设施和配

套的产业设施,因此不能很好地吸引并留住人才。而且即便是选择去小镇就业,人才更愿意留在杭州等城市的特色小镇,而不愿意留在县市区内的特色小镇。特色小镇在人才方面除了引留困难之外,还存在人才类型过于单一,缺乏各类专门人才的问题。特色小镇产业的发展需要建立完整的产业链,就需要生产、营销、策划、设计、售后等各类专业人才,然而部分小镇在引进和培养人才时却未能全面考虑人才的需求,所以小镇的人才供给瓶颈十分明显。

### 3.5.4 行政干预过当,政府观念尚待转变

很多领导干部仍受传统的管理模式影响,对特色小镇建设采取大包大揽的做法,要想向制度构建、环境营造、服务提升等作为服务型政府的职能观念转变还存在一定的挑战。

特色小镇的运营应该是以市场为主体,由少数实力雄厚的企业作为领军,围绕小镇特色产业开展引资、完善产业链等。然而部分特色小镇由于缺乏实力雄厚的领军企业和资金,且政府对小镇运营干预过多,导致小镇的运营主体错位。

## 3.6
## 特色小镇建设过程中存在的问题

### 3.6.1 对特色小镇的认识不足

特色小镇不只是提供产品或服务,小镇应该是生活和发展的聚合体。然而,我国很多地区对特色小镇的认识并不足,并没有真正按照特色小镇的内涵来建设,要么是当成产业园或者旅游景点来建设;要么当成大盘建设或者杜绝房地产开发,都稍有偏颇。

把特色小镇当成园区开发。一些地方性的政策显然就是曾经过往的开发区政策、工业园、风景区政策的简单改头换面，从中看不到更多的本地文化特色、对地区社会整体和谐发展的追求。一些地方借用建设特色小镇的名义，但既没有创新理念，也没有遵循"通过培育特色鲜明、产业发展、绿色生态、美丽宜居的特色小镇，探索小镇建设健康发展之路"的指导思想，其实质内容仍然只是工业园区、产业园区的招商引资。

把特色小镇建成游乐园。他们以为开发一个大型游乐场，再加上住宅和配套就是文旅小镇。然而大型游乐场周边，不一定能吸引人口入住，而且，"玩"只是旅游业发展一个很小的方面，它对小镇自身的发展促进作用有限。纵观全球，确实有比较成功的游乐主题小镇，如美国的迪士尼小镇。但是，迪士尼小镇不仅仅是游乐，还制作卡通、动画，同时通过输出创作的动画IP形象衍生了无数的商品，这才是迪士尼小镇强大的真正基础。显然，游乐园本身与小镇的发展关系不大，它背后的产业开发才是重点。

把特色小镇建成旅游景点。旅游景点在一定程度上符合特色小镇的需求，特别是作为文旅小镇来说，有时是必需的。但旅游景点不能等同于小镇，以文旅小镇来说，它不只承担"游"的功能，除了服务游客的旅游设施外，还必须提供生活设施，为小镇的居民服务；其次，小镇的居民从何而来？要吸引人留下来、住下来，仅仅发展旅游业是不够的，因为旅游业仅仅能吸纳结构单一的服务业从业人员就业。打造好小镇的人文环境，提升居住体验，塑造独特的生活方式，这才能吸引更多的小镇居民。

把特色小镇当成大盘开发。毫无疑问，小镇必须提供房子，才能让足够多的人入住，但把小镇当成是大盘开发，则是本末倒置。大盘无论多大（且不论是否科学），其目的也仅仅在于解决居住问题，而国家推动小镇开发的初衷却在于完善城镇发展体系，建立新的发展模式。小镇不能成为只解决睡觉和吃饭的地方，小镇应该是生活的地方，安居乐业才是小镇的真谛。

把房地产开发当成洪水猛兽。许多地方一听特色小镇项目还要做房地产开发就紧张。但是，特色小镇如果不开发房地产，那让小镇的人住在哪里？如何处理小镇开发和房地产的关系，应该把握好尺度。目前小镇开发的投入大，盈利困难，允许一部分房地产开发的存在，既能推动小镇开发的积极性，又能解决居住的实际需求。

## 3.6.2 出现盲目冲动的"大跃进"

我国从国家到省级政府，到市级政府，再到小县城，各级都在推出小镇开发计划。有的县总人口不过20万人，却一口气推出五六个特色小镇，认为只要有个好概念，政府就会扶持，银行就会贷款，基金就会跟投。然而，这些特色小镇的人口从哪里来？小镇三大要素：资源、交通和人气是否包含？小镇定位是否准确，资源怎么利用、市场在哪里、消费特征是什么等？是否有合适的开发模式和盈利模式，以及如何解决落地问题和运营问题。这些问题根本没有考虑清楚就开始推进。另外，很多开发商看到"小镇热"便满腔热情地冲进来，一次圈地几千亩，没有做什么准备和思考，就埋头苦干起来。虽然特色小镇概念的兴起很大程度上源于浙江模式的成功，但一些地方没有明确自身定位和实施动机便盲目崇拜、邯郸学步，导致"面子工程""生搬硬套"甚至破坏乡村风貌和自然生态的例子屡见不鲜。对比来看，浙江有其发展"特色空间平台"的特殊性——"块状经济带"、发达的专业市场、独特的商业人文环境，解决的问题也有其特殊性——产业集群低效与浪费。而各地有其发展阶段的差异性和特殊性，有些小镇很可能没有优势产业和深厚的文化底蕴，不具备特色小镇培育的土壤；有些具备条件，但未能实现"特殊性—普遍性—特殊性"转化，只进行突击式、运动式、表面化的造镇、引资、搞旅游、建文化广场，会带来不可逆的"旅游性破坏"和"规划性破坏"。

## 3.6.3 特色小镇"特色"不明显

目前特色小镇建设的同质化比较严重，一味地模仿复制。国内出现了好多假乌镇、假拈花湾、假袁家村。然而，活着的还是真乌镇、真拈花湾、真袁家村。另外，乌镇是青砖黛瓦白墙，于是全国好多特色小镇都是青砖黛瓦白墙，好像中国的小镇只能是这一个色系了。这种现象的出现，一方面是"拿来主义"，图简单省事，以为别人成功了，自己也能成功；另一方面是缺乏创新能力，被经验和传统束缚了思维。然而如果小镇只能是一个样，就不叫"特色小镇"了。

### 3.6.4 以人为本理念成为空壳

特色小镇提供的是一种生活方式，必须坚持"以人为本"的核心理念。"以人为本"的"人"是小镇各项建设活动、经济发展和生态保护的最终服务对象，是阶层、身份、利益不相同的"小镇人群"。小镇不管怎样建设，最终要服务的是参与小镇建设运行的，有着不同来历、不同需求的人群。与城市相比，小镇的居民构成和实际需求更加集中，社会调查更加可行，"因事为制"的命中率更加精准。但由于在建的特色小镇中，投资方和原生居民的两大人群互相对立又互相依存，试错牵连到的群体范围也相应变大，试错成本更高。目前，政府主导的城镇化隐藏着"二元论"的理论预设价值判断，农民的经济理性被忽略。在高举"产镇融合"进行大规模产业建设和项目引入时，特色小镇一定意义上变成了"产业容器"，或者"包办生活配套的大院"，功能分区弱化。生产对生活造成挤压，外来人口对本地人口形成冒犯，工业文化对于乡村传统的蚕食，包括房价在内的物价先行上涨，规划中的"人本思想、生态宜居"服务于假象的"人"而走向真实"人群"的对立面。

# 4 特色小镇总体定位

## 4.1 特色小镇为什么需要定位

"定位（Positioning）"概念是在1972年由美国的艾·里斯与杰克·特劳特提出，最初应用于商业营销领域。其本意是"在对本产品和竞争产品进行深入分析，对消费者的需求进行准确判断的基础上，确定产品与众不同的优势及与此相联系的在消费者心中的独特地位，并将它们传达给目标消费者的动态过程"。随着理论的不断发展，定位理论已经广泛应用于商业竞争的方方面面。而定位理论在特色小镇的应用主要是，可以在资源有限的条件下，实现发展方向的稳定一致和关键性节点的把控。在定位过程中，可以实现对不同优势产业未来发展方向的优化、设计相关产业间的协同与冲突产业的退出。例如，浙江乌镇就是一个有江南水乡特色的安静小镇；深圳东部华侨城就是一个以观光游乐为主的度假小镇。

定位突出小镇的特色。这两年，我国特色小镇遍地而起，然而这些特色小镇真正突出"特色"的不多，由于缺乏准确的定位，导致同质化现象非常严重，甚至根本没有按照特色小镇的具体内涵来建设，而是沿袭了过去园区、开发区、新区等载体的开发方式和发展模式，从而导致资源浪费。例如，一个拥有如画山水的村镇，同时也有着在周边区域都比较出名的特色农林产品，还有建设不错的农业示范产业园和较发达的机械零件加工产业。如果把每一项优势资源都作为核心资源来发展，一方面会造成特色不突出，另一方面还会浪费有限的资源。而通过定位，明确属于小镇的市场空间范围，从而集中小镇自身优势资源去开发相应的产业，从而满足市场需求，形成自己的特色。

定位激发小镇影响力。定位是抢占小镇客群心智的资源,因而只有通过准确的定位才能吸引更多的客群,从而提升小镇的影响力。

定位提升小镇运营绩效。当定位明确以后,几乎可以立刻识别出在企业投入中哪些20%的运营产生了80%的绩效,从而剔除大量不产生绩效的运营来大幅提升小镇的绩效。

# 4.2
# 特色小镇的定位策略方法

## 4.2.1 充分考虑特色产业的特点

每个产业都有着自己的特点,定位就是要挖掘、突出特色小镇特色产业的优势,并赋予本镇独有的内涵,才可能让该产业真正成为小镇的特色产业。每个产业都有自己的发展规律,在定位特色产业时,还要考虑该产业规模能否发展成为本镇的支柱产业,并长期发展下去。

## 4.2.2 充分考虑资源条件

每个产业的发展都需要消耗相应的资源。特色小镇的定位首先要充分考虑小镇的资源条件,以优化配置、合理利用各种资源,实现生产力的最优目标,尽可能地避免造成资源的浪费或闲置。同时,定位要与小镇所拥有的及可能调用的资源相匹配,不能盲目拔高,造成名实不符的恶果。

## 4.2.3 充分考虑特色产业目标市场

特色小镇的定位只有明确针对目标产业市场,目标市场才可能被吸引、更多了解和关注特色小镇。选择和明确目标市场,就要求充分了解目标市场的需求，并努力满足目标市场的需求，这样才能让目标市场认可特色小镇的定位，在目标市场的心目中占据有利的竞争地位。

### 4.2.4　充分考虑竞争因素

任何一个行业都存在着竞争，而竞争者是影响小镇定位的一个重要因素。小镇特色产业定位过程中，必须要考虑所选择特色产业的竞争行业和区域范围，明确有哪些有威胁的竞争者。同时，小镇特色产业的定位要与竞争者实现区隔、制造差异，从而为创造竞争优势创造条件，也便于在未来的发展中，能够以己之长攻彼之短。

如果不能在定位时就明确差异化优势，那么很可能在将来陷入模仿或被模仿的困境。被竞争者廉价地模仿必定会导致自己的创新价值得不到应有的体现；而竞争者如果在模仿的基础上做得更加出色，那么小镇的特色产业很可能受到毁灭性的打击。

### 4.2.5　考虑投入产出比

优化生产力配置，一个重要的指标就是投入产出比。小镇选择特色产业必然要考虑经济角度的投入产出是否能够支持小镇经济发展。此外，作为新型城镇化探索的一部分，特色小镇及特色产业的定位还应当充分考虑投入的社会效益。目标定位下的小镇应当能更好地实现社会和谐、健康发展。

## 4.3 特色小镇的定位案例分析

### 4.3.1　茶小镇

中国有很多种茶的地方，但只有福建和云南真正通过种茶盈利。因为福建的茶主要是可储藏的红茶和乌龙茶，云南的茶主要是可长期做礼品收藏的普洱茶，而浙江出产的绿茶是即时消费品。事实上，不管西湖龙井多好，只要是即时消费品，农民就很难通过种地来致富。农民如果想通过种植农产品创收只有一种可能性——不是把农产品卖出去而是把人请进来。

日本的茶种植以绿茶为主，他们制作"宇治玉露"茶，首先，把茶的品牌打响，做茶叶品鉴、评选，最后注册品牌；其次，把茶田种得很漂亮，邀请景观设计师帮助设计茶田，种得好不好不重要，适不适合拍照更重要；再次，每年组织大量的人采茶，采不采茶不重要，关键是能够体验采茶的感觉。同时，这里经常举办茶主题展，将制茶过程全部做一个展示，并且有很多老专家教授茶道。此外，茶可以吃。在茶经里面有明确记载，"诸药为各病之药，茶为万病之药"，茶可以治疗很多种病。茶不仅可以做成茶叶天妇罗、茶叶荞麦面，还可以做成茶米酒以及抹茶，延伸了茶产品链。

### 4.3.2　温泉小镇

第一，明确市场定位。首先弄清楚泡温泉的主力人群是 25～45 岁还是 45～65 岁？很多人认为，谁需要谁就是主力人群，其实是谁肯支付谁才是主力人群。65 岁以上的老人当然需要泡温泉，但是舍不得花钱。其实真正愿意为泡温泉买单的，25～45 岁尤其是女性占了相当重要的比例。

第二，依托温泉，打造多元产品。如果仅仅是在温泉里泡温泉，客人停留不了多长时间，需要考虑的是，泡温泉结束以后可以给客人提供什么服务或者体验，从而尽可能地让客人停留更长时间。事实上，每个温泉小镇都可以设计一个温泉街，在这里人们可以穿着浴衣逛街。温泉街的打造不需要太宽太长，这样进去几个游客就显得很热闹，这是制造人气的好方法。另外，对温泉的讲解很重要。台湾有一个北投温泉，先从镭的放射性讲起，科普温泉对养生的作用和重要性，讲得相当到位，能吸引很多游客亲子体验。我国大部分温泉开发存在一个很大的问题，就是抓不着随机客户。因为我国的温泉立足于全脱了才能下去泡，然而泡温泉男女是不一样的。女士泡温泉"外墙涂料"（化妆品）要带好几道。所以日本有足汤、手汤、颜汤，让你能够随时去体会温泉的乐趣，不用全脱也能泡。同时要把温泉生活多元化，用温泉泡脚的同时可以吃着温泉拉面，旁边还有温泉鸡蛋。

### 4.3.3 精工小镇

如何通过在传统产业中引入创新元素做成一些现代化特色小镇，特别是精工小镇，这个逻辑以后可能会变得越来越重要。中国有一系列短小精悍的精工小镇，精工小镇中非常重要的支撑是职业培训，没有好的职业学校不可能有精工小镇。国外精工小镇中的职业学校采取"双元制、双师制"，双元制是指一半在学校读书、一半在工厂实习；双师制是指在学校有一个老师，还要按照行业规矩去拜师，仪式感越强越显得这个行业有技术含量。

精工小镇的典型代表是瑞士的拉绍德封。瑞士以前非常贫穷，组成瑞士的是德国、意大利、法国等国的人民。一些人发现钟表制造是非常适合他们在瑞士的工作，因为能用最少的原料、最小的占地、最灵巧的双手制造附加值最高的东西，而且瑞士那个地方，大家都热衷于捣鼓手工。拉绍德封是专注做钟表的小镇，不像其他欧洲小镇，只有拉绍德封的空间肌理是排排坐，因为这样有利于阳光照射到工坊，方便制造手表，也方便运输。拉绍德封还成为了国际钟表博物馆和职业教育中心。很多人到这里来一方面是看别人做表买表，另一方面是来学手艺。但是，来学手艺的人不一定是为了回去做表，当年很多国家在使用第一代 AT3 萨格尔反坦克导弹时，是用手操控的。那时候很多军队把战士派到做钟表的地方去训练，来提高手指的灵活度。

### 4.3.4 科创小镇

在"大众创业、万众创新"的时代之下，科创小镇一定会是特色小镇的主要类型。科创小镇不是教创业的人如何去创新，而是教创新的人如何去创业。

科创小镇的关键是"弱关系"。首先，今天的科学家和以前的科学家不一样，现在的教授注重情怀和情调，与过去那种"两耳不闻窗外事，一心只读圣贤书"的科学家不一样。其次，现在的科学家只有了解生活才能为生活搞出创新来。例如，美图秀秀因洞悉了女士爱美的心理，而成为了一个非常成功的企业，在全球的利用率都很高。

科创小镇的逻辑就是"和一起生活的人共同工作，和共同工作的人一起生活"。从规划的角度来讲，这叫做"商务社区城市"，在这里职住平衡比是很高的，1/3面积是商务办公，1/3面积是居住，1/3面积是配套。在这个逻辑之下不管门洛帕克也好、山景城也好，全部是以人为导向形成的小社会，他们获得一种人人为我，我为人人的生活。这里面有大量的人摆摊，只要摆摊一定有人过去捧场，这里还有大量的设施，摆上一些新式的东西，如3D打印机帮助人家把想法变成实物。在科创小镇里，再奇怪的东西也会被接受，如新的付款方式，吃饭的人哪怕多刷几次卡也会把这个事情接受下来。科创小镇里不光有一批科学家，更多的是有一批乐于当"小白鼠"的人。

### 4.3.5　禅修小镇

不要把宗教资源打造成宗教圣地。禅修小镇真正应该做的是去宗教化。瑜伽也有宗教背景，它是印度教的修行方式。但是中国到处是瑜伽馆，且并没有要求练瑜伽的人必须信印度教，因为我们把瑜伽完全变成了一种健身活动。同理，佛教是不可以随便传播的，但是禅修可以；道教是不可以随便传播的，但是太极拳是可以推广的，不要讲形而上的东西，要讲形而下的东西。

禅修小镇的精舍里面可以布置得充满禅意，能够打坐、参禅，吃禅食。因为来这里的人不光兜里有钱，心里还有事。来到这儿不光出钱还要捐钱，更重要的是这里服务成本极低。早上起来被子谁给你叠？自己叠。在这里不光要叠被子，还要干活儿打扫卫生，这才叫修行，而且每天吃的饭菜都得自己煮，是最简单最便宜的饭菜。因此，做禅修小镇一定要去宗教化。这种小镇做完可以卖出很多东西来，而且在这里有信仰的人和没信仰的人都能各得其所，有信仰的人可以参禅打坐、没信仰的人可以吃吃素斋。花道也是一样，爱花道的人会发现一叶一菩提，不喜欢的人拿花摆着也行。

### 4.3.6　历史小镇

如果这个地方有很多历史遗存，就可以打造一个历史小镇。如中国有很多留下的废旧工厂，都可以采取这种模式。这种模式有个地方应用得很好，就是英国的黑乡博物馆，它以前是伯明翰旁边一个挖煤的地方，现在成了博物馆。黑乡将维多利亚工业时代的整个面貌全部保留了下来，它把周围能够收到的破烂全部都拿了回来。历史物件收集、生活方式再现这些打造手法都很重要。在黑乡，房子是维多利亚时代的，更重要的是在这里利用了"老人力"。早上一帮老爷爷穿上维多利亚时代的衣服给年轻人讲故事，讲故事的老爷爷不要工资都愿意来干，一是好玩，二是有故事，老爷爷是最愿意看到年轻人的，特别是孩子。老爷爷在铁匠铺用当年的工具打铁，一群人管他们叫爷爷，他们非常高兴。另外，黑乡博物馆的节庆活动、见学活动搞得特别到位，一年会有无数节庆，长期会有小孩儿来参与。老爷爷给他们讲过去的自行车、通信等文化历史，用当地很浓的古语讲当年的课，而且做各种游戏。更重要的是由于保持了原貌，在这里拍电视电影特别容易，不用再找群众演员，这帮老爷爷就是。像《我们的动物园》《浴血黑帮》都是在这里拍摄的，卖历史风貌的小镇可以找专人联系拍电影拍电视剧，因为这是提升知名度的有效手法[①]。

---

[①] 摘自网络公开资料，并自行整理，http：//baijiahao.baidu.com/s? id＝1588278207997338266&wfr＝spider&for＝pc。

# 5 特色小镇产业体系构建

## 5.1 产业选择原则

### 5.1.1 竞争优势原则

特色小镇的主导产业不仅应该具有更强的获取资源的能力,从而在资源配置中具有明显的优势,而且应该具有更高的价值创造能力,将潜在的优势转化为竞争优势。只有这样,才能在激烈的产业竞争中得以发展壮大,才能使得特色小镇具备持续发展的能力。因此,特色小镇产业的选择必须充分考察备择产业现有的产业优势及其发展趋势,并进一步判断其是否具有竞争优势。

### 5.1.2 特色突出原则

特色小镇必然要突出"特色",其本质就是要求产业具备生命力和竞争力,形成以竞争力为核心的"特色效应"。因而特色小镇产业的选择应该主攻最有基础、最有优势的产业,体现差异化、特色化、专业化。针对实际情况,差异化定位,细分领域错位发展。要坚持因地制宜,紧扣产业升级趋势,锁定产业主攻方向。

### 5.1.3 市场需求原则

特色小镇的发展核心是产业,因而产业的选择必须以市场为导向,分析产业的市场需求现状与市场前景,选择那些未来具有较大市场需求的产业类别。

### 5.1.4　产业关联原则

特色小镇的发展需要通过产业的发展带动整个小镇的发展,因而产业的选择需要选择那些产业关联性较高的产业类别,通过一个产业的发展,带动多个产业的发展,建立特色小镇的产业生态系统,从而更好、更高效地带动小镇的发展。

### 5.1.5　生态环保原则

特色小镇要求建设一个宜业宜居的环境,因而对于产业生态环保的要求必须高,坚决杜绝那些对环境有污染的产业类别,选择一些生态环保类的产业。

### 5.1.6　融合创新原则

特色小镇要想具备可持续发展的竞争力,必须要求产业具备融合创新的能力,通过"产业+增强产业"的竞争力,通过创新推动产业的逐步升级,从而提升产业的竞争力和影响力。因而,特色小镇产业的选择必须坚持融合创新的原则。

## 5.2 以第一产业为主导的特色小镇产业体系构建

### 5.2.1　以第一产业为主导的特色小镇说明

特色小镇的核心是产业,而以第一产业为主导的特色小镇,其主导产业可以是种植、养殖、林业等产业,依托主导产业,可以延伸发展其他第二、第三产业,形成这个特色小镇的产业体系。

表 5—1  以第一产业为主导的特色小镇产业分类情况

| 产业分类 | | 产业内容 | 以第一产业为主导的特色小镇 |
|---|---|---|---|
| 第一产业（农业） | 种植业 | 谷物种植 | 谷物小镇 |
| | | 豆类、油料和薯类种植 | 红薯小镇等 |
| | | 棉、麻、糖、烟草种植 | 棉麻小镇等 |
| | | 蔬菜、食用菌及园艺作物种植 | 蔬菜小镇等 |
| | | 水果种植 | 黑莓小镇等 |
| | | 坚果、含油果、香料和饮料作物种植 | 核桃小镇等 |
| | | 中药材种植 | 中药小镇 |
| | 林业 | 林木育种和育苗 | 森林小镇等 |
| | | 造林和更新 | |
| | | 森林经营和管护 | |
| | | 木材和竹材采运 | |
| | | 林产品采集 | |
| | 养殖业 | 牲畜养殖 | 黑猪小镇等 |
| | | 家禽养殖 | 白鹅小镇等 |
| | | 水产养殖 | 龙虾小镇等 |

资料来源:中经汇成。

## 5.2.2  产业选择路径

第一产业包含种植业、养殖业以及林业,涉及十多种细分行业,而第一产业类的特色小镇选择主导产业的路径包含三个步骤,第一步是建立产业池,产业池建立的主要依据是项目所在地的农业资源、上位规划以及市场潜力等;第二步是判断吸引力,也就是综合考量产业的市场需求、政策支持力度以及产业自身优势等因素,判断这个产业的吸引力有多大;第三步是判断产业在项目所在地的可行性,也就是综合考量产业基础、产业特色、竞争优势、生态优势以及带动农民就业等多种因素,衡量这个产业的可行性,通过这三个步骤确定第一产业类特色小镇的主导产业。

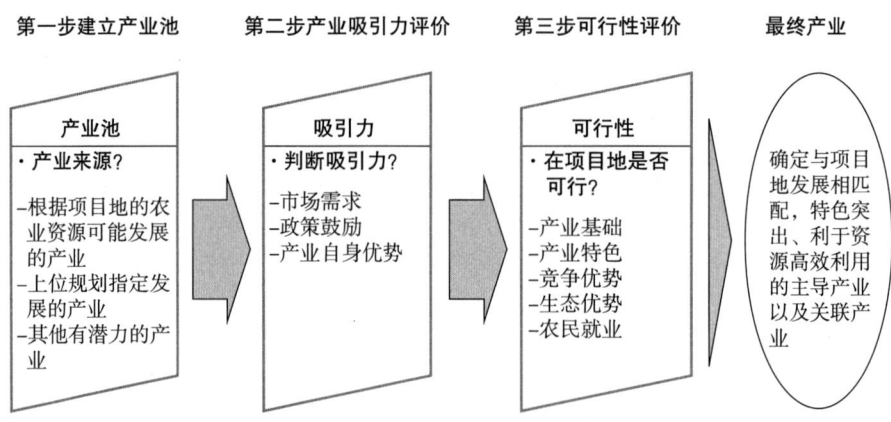

图 5—1　第一产业类特色小镇主导产业选择路径图

资料来源:中经汇成。

5.2.2.1　产业池的建立

产业池即可能发展的所有产业,主要包含如下三个方面:

(1) 项目地周边大片区范围内正在发展以及未来要发展的农业优势产业;

(2) 国家鼓励支持发展的以及上位规划指定要发展的农业产业;

(3) 其他有市场潜力的农业产业,也就是需要综合分析当地的气候、土壤、生态等指标,引入一些市场前景好而当地处于空白的其他农业产业。

5.2.2.2 产业筛选指标及权重设计

(1) 吸引力指标及权重设计。

以第一产业为主导的特色小镇产业的吸引力指标是针对农业产业本身以及外部市场方面具备的吸引力所设置的。指标权重代表了对产业选择的影响能力,由于特色小镇功能定位及区位条件的差异,指标权重将有所侧重。

表 5-2　以第一产业为主导的特色小镇产业选择指标及权重

单位:%

| 指标体系 | | 指标内容 | 权重 |
| --- | --- | --- | --- |
| 吸引力指标 | 产业市场需求 | 判断产业的市场需求情况,包括市场增长率、需求增长潜力、市场占有率状况等 | 25 |
| | 产业竞争力 | 判断产业的发展前景情况,是否具备较强的产业竞争能力 | 20 |
| | 产业关联性 | 产业是否具备较强的产业带动性,与产业的前后环节关联度如何 | 20 |
| | 政策扶持 | 从国家到地方对产业的支持力度,包括资金、土地、税收等 | 20 |
| | 产业创新力 | 产业是否符合现代农业发展趋势,是否具有技术创新 | 15 |

资料来源:中经汇成。

(2) 可行性指标及权重设计。

以第一产业为主导的特色小镇产业的可行性指标是针对项目所在地发展农业产业是否具备相应条件以及竞争力所设置的。指标权重代表了对产业选择的影响能力,由于特色小镇功能定位及区位条件的差异,指标权重将有所侧重。

表 5-3 以第一产业为主导的特色小镇产业选择指标及权重

单位：%

| 指标体系 | | 指标内容 | 权重 |
|---|---|---|---|
| 可行性指标 | 产业基础 | 项目地是否已有产业基础或者是具有相关配套产业 | 20 |
| | 产业特色性 | 是否充分挖掘了项目地的产业资源优势，形成特色产业 | 25 |
| | 产业生态适宜性 | 是否与当地生态环境相适宜，是否符合生态农业发展趋势 | 20 |
| | 资源环境匹配度 | 与当地区位、气候、土壤、光照、水源等自然资源的匹配度 | 20 |
| | 农民就业带动性 | 是否能规模化发展，带动当地农民就业 | 15 |

资料来源：中经汇成。

#### 5.2.2.3 吸引力—可行性模型的建立

根据吸引力、可行性两个指标的权重建立一个矩阵模型，处于右上角的吸引力指标和可行性指标值都较高的产业可以确定为主导产业。

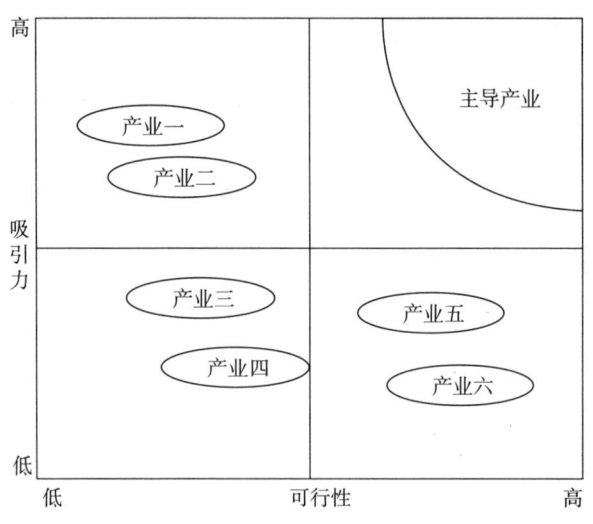

图 5-2 吸引力—可行性产业选择模型

## 5.2.3 以第一产业为主导的特色小镇产业体系类型

（1）以第一产业为主导，延伸发展农林产品加工，实现第一、第二产业融合发展。以种植、养殖、林业等第一产业为主导，利用周边农产品市场的优势，向下游延伸产业链发展农副产品加工、林产品加工等，从而在以第一产业为主导的特色小镇里实现第一、第二产业的融合发展。

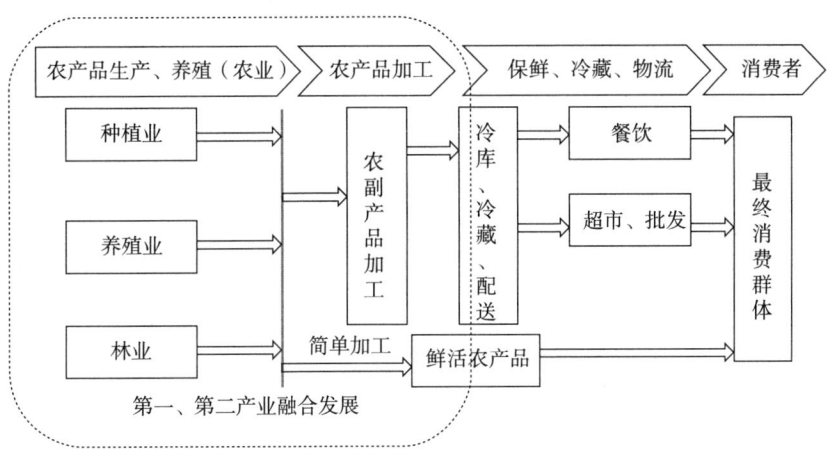

图5-3 第一、第二产业融合发展产业链

---

**专栏： 河北省邢台市隆尧县莲子镇**

——全国知名的优质小麦主产区之一（第一批国家级特色小镇）

莲子镇位于隆尧县东南部，地处隆尧、巨鹿、任县三县交界处，总面积为78平方公里，耕地面积为8万余亩。辖23个行政村，农村总人口为41493人。2002年，莲子镇被确定为河北省10个现代化建设试点镇之一，河北省50个重点镇之一。2005年，被国家环保总局命名为"全国环境优美镇"。2016年被确定为国家级特色小镇。

> 隆尧县莲子镇地势平坦、土壤肥沃，适宜农作物种植，是农业型乡镇，主要种植小麦、玉米、棉花，其中优质小麦是特色作物。全镇农业总产值为3亿元以上。莲子镇镇依托此优势资源，以莲子镇为中心区规划建设东方食品城。隆尧现已入驻今麦郎面品有限公司等各类食品加工及配套企业80余家，主导产品为方便面、饮品、面粉、挂面、饼干、食品添加剂及食品包装等，已是世界上最大的方便面生产基地、中国北方最大的食品包材生产基地。而今麦郎也由此延伸产业链投资了小麦示范园的种植，促进了该镇第一、第二产业的深度融合。该镇因农业种植与食品加工业结合完美而引发了多方关注。

(2) 以第一产业为主导，延伸发展旅游服务业，实现第一、第三产业融合发展。以种植、养殖、林业等第一产业为主导，利用农业资源和生态资源的优势，向下游延伸旅游服务业，从而在以第一产业为主导的特色小镇里实现第一、第三产业的融合发展。

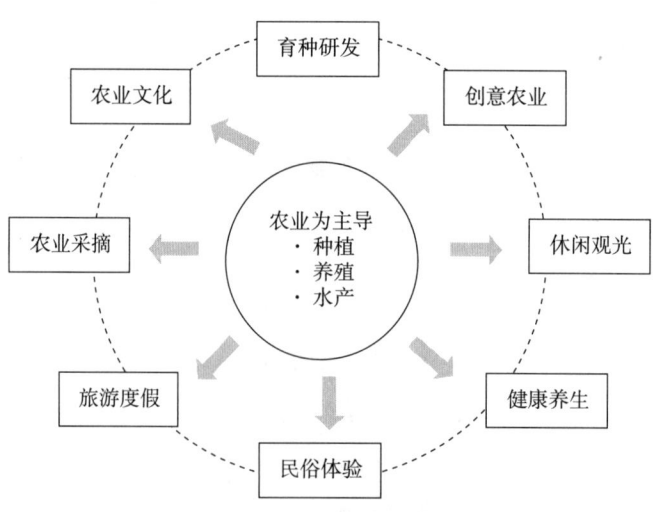

图5—4  第一、第三产业融合发展示意

# 案例一： 黑龙江省齐齐哈尔市甘南县兴十四镇

——多个农业生态旅游景区（第一批国家级特色小镇）

兴十四镇以建设现代农业示范园为重点，示范种植玉米、高粱、糜子、大豆、谷子、食用豆、地瓜、马铃薯8大类，共110个新、优、特品种。该镇依托农业示范园的优势，发展乡村旅游，目前已建成村史展览馆、村民别墅群、万亩人工松林、龙头岭公园、黑龙潭垂钓基地、森林防火观光瞭望塔等旅游景点30余处，大力发展具有浓郁关东文化乡土风情的红色、特色、绿色旅游，积极开发关东拓荒文化游、现代农业观光采摘游、影视拍摄基地体验游、"农家乐"等旅游项目，形成了第一、第三产业相互融合的示范。其中甘南兴十四村、齐齐哈尔铁农园艺园及梅里斯区哈拉新村已成为国家农业旅游示范点。

特色鲜明的产业形态。一是瞄准中高端优质农产品发展设施农业。依托现代农业科技示范园区，打造集实验控制中心、智能温室、阳光节能温室、阳光大棚于一体的现代化生产基地，示范展示有机稻、果菜、花卉等18大类105个品种作物，推广应用33项各类新技术，推动农业生产打有机牌、走特色路，亩均产值较传统种植提高了几十倍。2016年，全村粮食产量达到3180万斤，亩产1325斤，比全县平均水平高96%；设施果蔬产量900多万斤，约占齐齐哈尔周边地产果蔬供应量的30%。依托现代农业科技示范园区，瞄准中高端优质农产品发展设施农业。坚持以加工转化当地农业资源为方向，积极开发科技产品，发展环境得天独厚的优势比照"百镇"和旅游名镇试点执行。二是拓展农业服务业。与中储粮合作兴建50万吨粮食仓储中心，正在建设全自动温控、湿控、气控冷链库，农产品错季销售成为可能。依托兴村网，大力发展电子商务、草根物流等，自运营以来，兴村网平台已入驻甘南县8个社区、10个乡镇、95个行政村，全县覆盖率达100%。共建设信息服务站点393个，发展信息员、草根物流队伍450余人，发布商品2145种，完成网上交易54890笔，其中农产品销售额占总交易额的80%以上，共安置就业达到600多人。同时挖掘当地特色旅游资源发展休闲农业旅游，建设龙头岭、黑龙潭垂钓基地、森林防火观光瞭望塔等旅游观光景点30余处，旅游产业蓬勃发展。

和谐宜居的美丽环境。几年来，兴十四村以促进农业生产发展、人居环境改善、生态文化传承、文明新风培育为目标，全力推进现代化大农业、产业化项目、第三产业发展和城镇化建设等各项工作，着力把兴十四村建设成为天蓝、地绿、水清，宜居、乐业、富饶的美丽乡村，兴十四村先后被评为首批国家级农业旅游示范点，全国文明村镇，全国重点镇。

彰显特色的传统文化。六十年来，兴十四村在创业过程中形成了具有关东特色的拓荒文化，即艰苦创业、团结奋斗、开拓创新和致富争先的精神，真切感受到兴十四村党总支书记付华廷同志一心为民、无私奉献、永争一流、超前奋进的个人精神和人格魅力。

便捷完善的服务设施。兴十四村道路状况较好，建成五保供养中心和社区服务中心，兴十四学校高中教学楼、食宿楼，幼儿园，医院，广场，购物超市，大面积停车场，老年活动室公用设施和公共服务体系。生活区内有线电视、电话、光纤等入户，逐步完善了上水、下水、供热和垃圾转运等公用设施，住宅安上了太阳能，实现了低碳、节约、环保。

图 5-5 兴十四镇风貌——村民别墅群

(3) 以第一产业为主导,延伸发展农产品加工以及旅游等服务业,实现第一、第二、第三产业融合发展。以种植、养殖、林业等第一产业为主导,利用靠近市场的区位优势,向下游延伸产业链发展农副产品加工、林产品加工以及旅游服务业等,从而在以第一产业为主导的特色小镇里实现第一、第二、第三产业的融合发展。

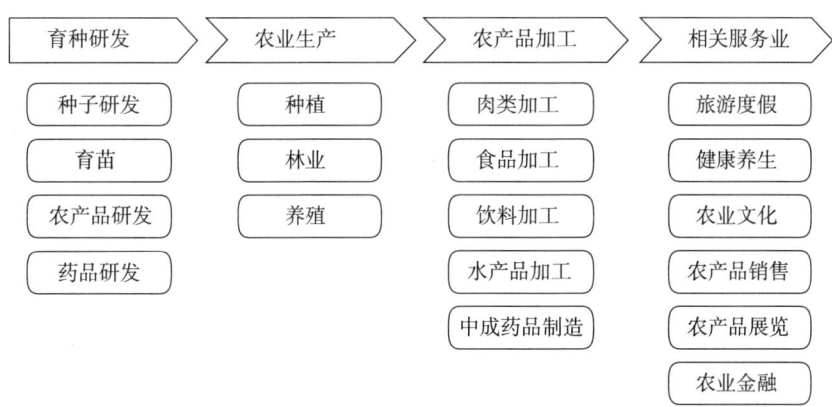

图 5-6 第一、第二、第三产业融合发展产业链

> **案例二：江苏省苏州市吴江区震泽镇**
>
> ——中国蚕丝之乡（第一批国家级特色小镇）
>
> 　　震泽气候宜人、土地肥沃、农业产业发达、栽桑养蚕、历史悠久，为江南五大桑镇之一。震泽镇先后被评为中国亚麻蚕丝被家纺名镇、中国蚕丝被之乡、中国蚕丝之乡、国家卫生镇、全国环境优美镇、江苏省历史文化名镇等。2015年4月，震泽镇被列入国家建制镇示范试点地区。震泽围绕"一丝兴三业、三产绕一丝"的发展思路，用一根蚕丝，将种桑养蚕、蚕丝被生产制造和文化旅游产业串联起来，同时用"全域旅游"把古镇游、工业游和生态游连成一体，并着力绘制着"蚕丝古镇、科技新城、田园乡村"的美好蓝图。
>
> 　　种桑养蚕：震泽镇是江南五大桑镇之一，自唐朝起就有养蚕的习俗。
>
> 　　蚕丝被制造：震泽已聚集"慈云""太湖雪""山水""丝立方""辑里"等"五朵金花"为代表的上百家丝绸企业，形成"金花领衔、小花紧跟、百花齐放"的良好发展格局。
>
> 　　蚕文化旅游：旅游包含游桑园、采桑果、品桑茶、喝桑酒。每年举办"旅游文化节"和"蚕花节"。

## 5.3 以第二产业为主导的特色小镇产业体系构建

### 5.3.1 以第二产业为主导的特色小镇说明

　　以第二产业为主导的特色小镇，其主导产业可以是采矿业、制造业、建筑业等产业,依托主导产业,可以延伸发展其他第一、第三产业,形成这个特色小镇的产业体系。

表5-4 以第二产业为主导的特色小镇产业体系

| 产业类别 | 产业细分 | 产业类别 | 产业细分 |
| --- | --- | --- | --- |
| 采矿业 | 煤炭开采和洗选业 | 制造业 | 橡胶和塑料制品业 |
| | 石油和天然气开采业 | | 非金属矿物制品业 |
| | 黑色金属矿采选业 | | 黑色金属冶炼和压延加工业 |
| | 有色金属矿采选业 | | 有色金属冶炼和压延加工业 |
| | 非金属矿采选业 | | 金属制品业 |
| | 其他采矿业 | | 通用设备制造业 |
| 制造业 | 农副食品加工业 | | 专用设备制造业 |
| | 食品制造业 | | 汽车制造业 |
| | 酒、饮料和精制茶制造业 | | 铁路、船舶、航空航天和其他运输设备制造业 |
| | 烟草制品业 | | |
| | 纺织业 | | 电气机械和器材制造业 |
| | 纺织服装、服饰业 | | 计算机、通信和其他电子设备制造业 |
| | 皮革、毛皮、羽毛及其制品和制鞋业 | | |
| | 木材加工和木、竹、藤、棕、草制品业 | | 仪器仪表制造业 |
| | | | 其他制造业 |
| | 家具制造业 | | 废弃资源综合利用业 |
| | 造纸和纸制品业 | 电力、热力、水的生产与供应 | 电力、热力生产和供应业 |
| | 印刷和记录媒介复制业 | | 燃气生产和供应业 |
| | 文教、工美、体育和娱乐用品制造业 | | 水的生产和供应业 |
| | 石油加工、炼焦和核燃料加工业 | 建筑业 | 房屋建筑业 |
| | 化学原料和化学制品制造业 | | 土木工程建筑业 |
| | 医药制造业 | | 建筑安装业 |
| | 化学纤维制造业 | | 建筑装饰和其他建筑业 |

## 5.3.2 产业选择路径

第二产业以制造业为主,涉及数十种细分行业,而第二产业类的特色小镇主导产业选择路径包含三个步骤,第一步是建立产业池,产业池建立的主要依据是国家产业发展目录、上位规划以及市场潜力等;第二步是判断吸引力,也就是综合考量产业的市场需求、政策支持力度、产业自身优势以及产业创新性等因素,判断这个产业的吸引力有多大;第三步是判断产业在项目所在地的可行性,也就是综合考量产业基础、产业特色、竞争优势以及生态优势等多种因素,衡量这个产业的可行性,通过这三个步骤确定第二产业类特色小镇的主导产业。

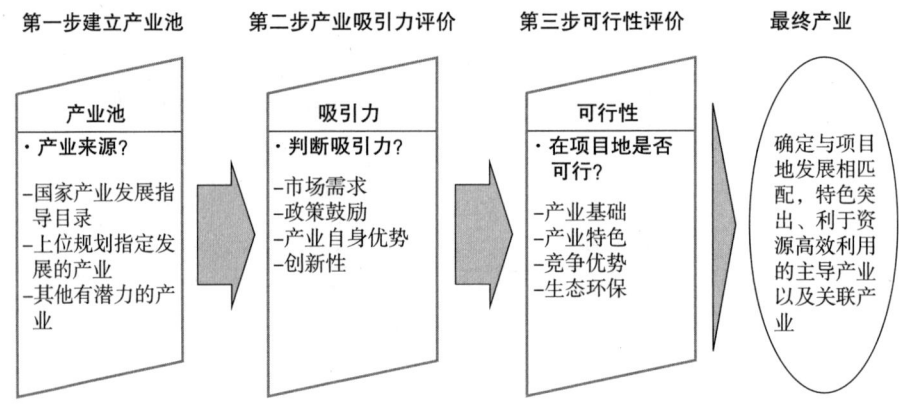

图 5—7　以第二产业为主导的特色小镇产业筛选模型

注:产业池装入可考虑的产业,通过吸引力—可行性评价,对产业池的产业进行分级筛选,从而得出选择结果。

#### 5.3.2.1　产业池的建立

产业池即以第二产业为主导的特色小镇可能发展的所有产业,主要包含如下四个方面:

(1) 项目地及周边正在发展的工业产业以及该产业可延伸发展的相关产业;

(2) 国家产业指导目录或者其他政策鼓励支持发展的工业产业；

(3) 上位规划指定要发展的相关工业产业；

(4) 其他有市场潜力的产业。

5.3.2.2 产业筛选指标及权重设计

(1) 吸引力指标及权重设计。

以第二产业为主导的特色小镇产业的吸引力指标是针对第二产业本身以及外部市场方面具备的吸引力所设置的。指标权重代表了对产业选择的影响能力，由于特色小镇功能定位及区位条件的差异，指标权重将有所侧重。

表5-5 以第二产业为主导的特色小镇产业选择吸引力指标及权重

单位：%

| 指标体系 | | 指标内容 | 权重 |
| --- | --- | --- | --- |
| 吸引力指标 | 产业市场需求 | 判断产业的市场需求情况，包括市场增长率、需求增长潜力、市场占有率状况等 | 25 |
| | 产业竞争力 | 判断产业的发展前景情况，是否具备较强的产业竞争能力 | 20 |
| | 产业关联性 | 产业是否具备较强的产业带动性，与产业的前后环节关联度如何 | 20 |
| | 政策扶持 | 从国家到地方对产业的支持力度，是否属于战略新兴产业或者鼓励发展产业 | 20 |
| | 技术创新力 | 产业技术含量情况，是否具备核心优势 | 15 |

资料来源：中经汇成。

(2) 可行性指标及权重设计。

以第二产业为主导的特色小镇产业的可行性指标是针对项目所在地发展第二产业是否具备相应条件以及竞争力所设置的。指标权重代表了对产业选择的影响能力，由于特色小镇功能定位及区位条件的差异，指标权重将有所侧重。

表 5-6　以第二产业为主导的特色小镇产业选择可行性指标及权重

单位：%

| 指标体系 | | 指标内容 | 权重 |
| --- | --- | --- | --- |
| 可行性指标 | 产业基础 | 项目地是否已有产业基础或者相关产业资源优势 | 20 |
| | 产业特色性 | 是否充分挖掘了项目地的产业资源优势，形成特色产业 | 25 |
| | 生态环保 | 是否环保型产业，对当地环境是否造成污染 | 20 |
| | 配套设施情况 | 工业产业所需要的产业配套情况 | 20 |
| | 人才情况 | 工业产业所需要的人才基础或者引进渠道情况 | 15 |

资料来源：中经汇成。

#### 5.3.2.3　吸引力—可行性模型的建立

根据吸引力、可行性两个指标的权重建立一个矩阵模型，处于右上角的吸引力指标和可行性指标值都较高的产业，可以确定为主导产业。

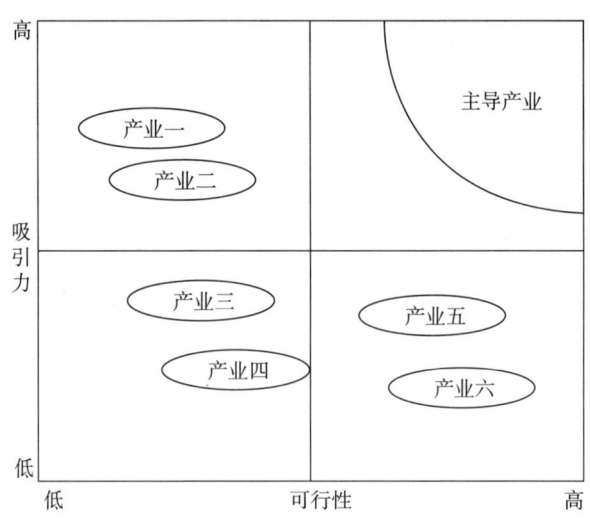

图 5-8　吸引力—可行性产业选择模型

## 5.3.3 以第二产业为主导的特色小镇产业体系类型

（1）以第二产业为主导，延伸发展农业，实现第一、第二产业融合发展。以食品加工、中药材加工、饮料加工、林产品加工等工业产业为主导，根据当地的土地优势，延伸发展种植、养殖、林业等第一产业，从而在以第二产业为主导的特色小镇里实现第一、第二产业融合发展。

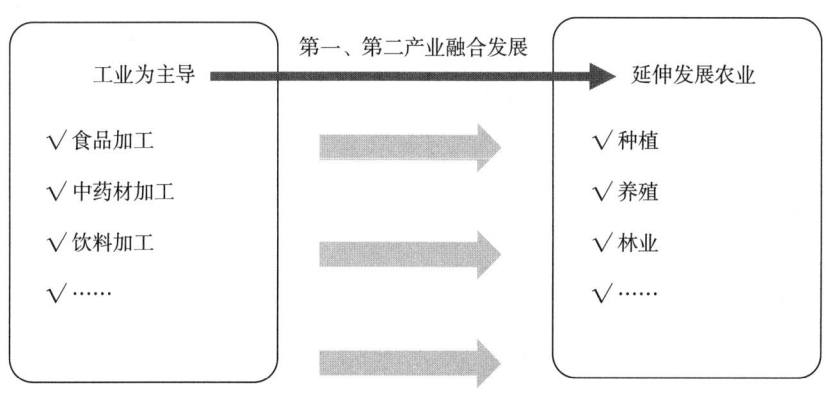

图 5-9 第一、第二产业融合发展产业链

### 案例三：贵州省遵义市仁怀市茅台镇

——茅台集团，有机高粱，盛产美酒（第一批国家级特色小镇）

一、酒产业。茅台镇是依靠茅台集团发展起来的产业小镇，被誉为"中国第一酒镇""世界酱香型白酒主产区""中国酒都核心区"。作为世界酱香型白酒主产区，年产酱香型白酒已达 3 万吨，酒类品牌近千个，从业人员上万人。茅台镇出产的贵州茅台酒是与苏格兰威士忌、法国科涅克白兰地齐名的三大蒸馏名酒之一，是大曲酱香型白酒的鼻祖，拥有悠久的历史。茅台人为传承"茅台文化"、打造"文化茅台"，特酿造一种美酒为"文台酒"。文台酒是茅台名酒，也是茅台老酒，更是

一瓶最有文化内涵的酒。

二、高粱种植。茅台镇上酿造的酱香白酒,一定要用本地产的高粱。仁怀及周边地区出产的"糯高粱"与外地高粱相比,具有颗粒小、皮厚、扁圆、结实、干燥,淀粉和单宁含量合理,尤其是对酿酒有利的支链淀粉含量,比外地高粱高出 1/3 左右的特点,茅台镇大大小小酒厂都非常珍惜这种来自大地的馈赠,并努力将"糯高粱"的优点发挥到极致,"把田间地头当作生产的第一车间"。糯高粱的这些独特特点和酱香白酒酿造生产周期一年,端午踩曲,重阳投料,酿造期间九次蒸煮、八次发酵、七次取酒及贮放勾调的传统酿造工艺相匹配,成就了茅台镇酱香佳酿。茅台集团引导农民种植有机高粱,加快传统农业向特色农业的转变,加大原料基地的建设力度。建立原料基地建设基金和有效的激励机制,加强订单农业管理,使原料基地建设进入良性循环发展时期,保证农民长期稳定的收入来源。

(2) 以第二产业为主导,延伸发展服务业,实现第二、第三产业融合发展。以制造业等工业产业为主导,根据当地的市场优势、人才优势,延伸发展科研、信息服务等生产性服务业以及餐饮、住宿等生活性服务业,从而在以第二产业为主导的特色小镇里实现第二、第三产业融合发展。

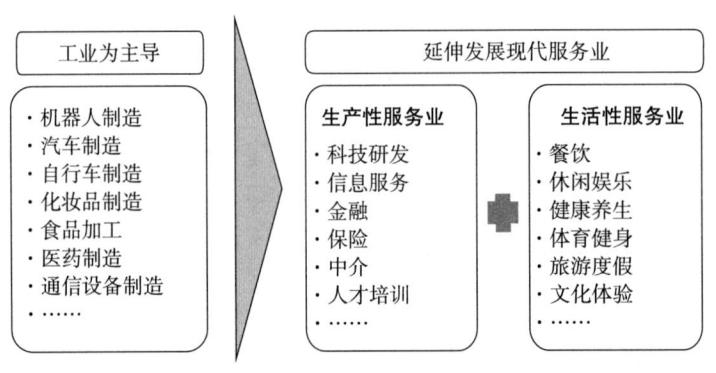

图 5-10 第二、第三产业融合发展示意

## 案例四： 湖州美妆小镇

——中国的格拉斯，浙江省省级特色小镇（以化妆品制造为主导，配套发展相关服务业）

项目概况：美妆小镇位于中国经济发展最开放、最活跃、最具国际竞争力的地区——长江三角洲的地理位置中心，南离杭州30公里，东邻中国经济中心上海120公里，距离中国（上海）自由贸易试验区130公里，位于湖州市的吴兴区埭溪镇，而埭溪镇作为湖州建镇最早的集镇之一，历史上的文化强镇，现已发展成为全国重点镇。

特色基础：吴兴区化妆品产业发展形成了特色和亮点，以珀莱雅、美诺日化为龙头，形成了化妆品终端制造以及关联装备制造、精细化工原料、印刷包装、电子商务、批发零售等配套产业齐备的化妆品产业集聚地。

小镇规划：美妆小镇将重点引进以化妆品生产为主导的全产业链项目，打造美妆时尚的"复合型小镇"。以化妆品生产为核心，依托吴兴区扎实的化妆品产业基础，打造时尚产业和现代服务两大经济板块，企业核、创新核、配套核联动，聚合全产业链，实施上下游产业构链、薄弱环节补链战略，提升化妆品生产、研发设计、展示销售和综合服务等产业链的重点环节和关键领域，打造上下游相互促进，联动发展的化妆品产业链。美妆小镇不仅包含设计、研发、生产包装等化妆品制造的各个分阶段产业，还会集化妆品及香精香料天然原料植物园、香精香料博物馆、大师创意工作坊等服务业项目于一体，让消费者拥有更多的参与体验。此外，化妆品产业链还延伸到"互联网＋"，发展化妆品电子商务等。

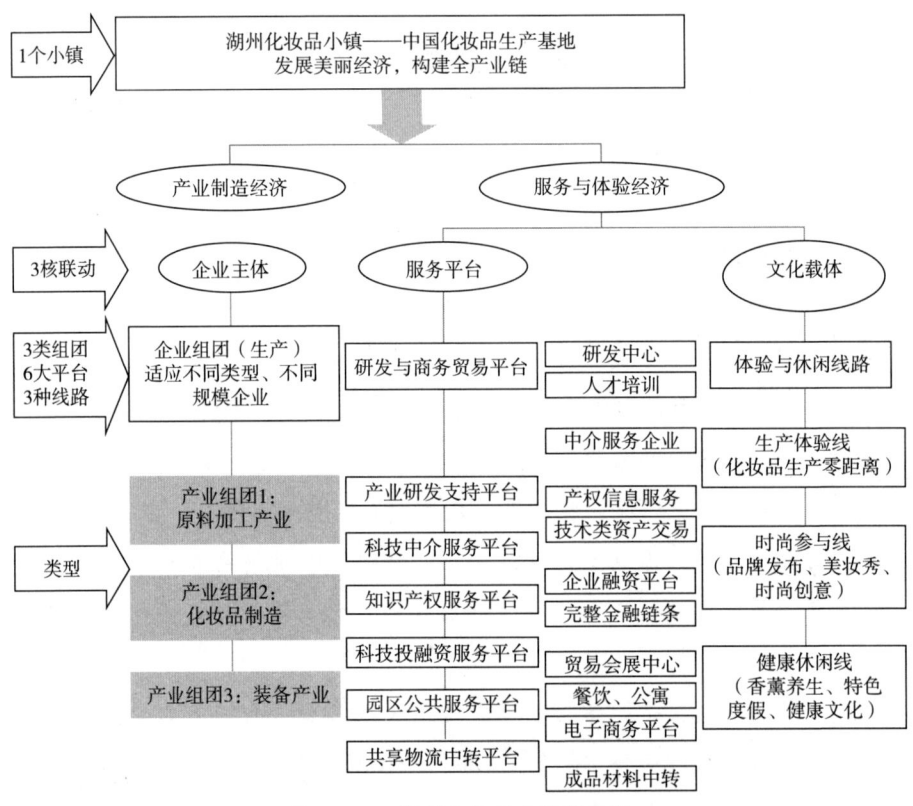

图 5—11 湖州化妆品小镇产业链

(3) 以第二产业为主导，延伸发展农业、服务业，实现第一、第二、第三产业融合发展。以食品加工、中药材加工、饮料加工、林产品加工等工业产业为主导，根据当地的土地优势、市场优势，延伸发展种植、养殖、林业等第一产业以及旅游、科研育种等服务业，从而在以第二产业为主导的特色小镇里实现第一、第二、三产业融合发展。

5 特色小镇产业体系构建

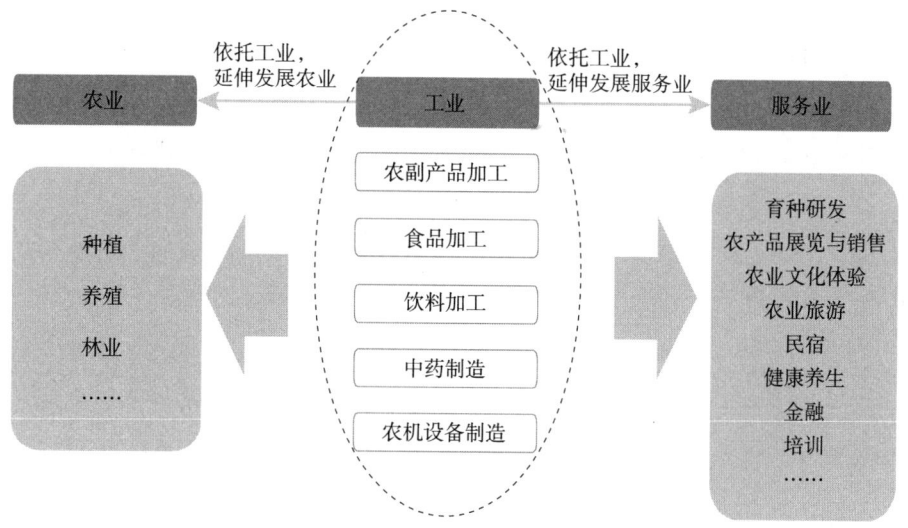

图 5—12 第一、第二、第三产业融合发展产业链

## 案例五：山西省吕梁市汾阳市杏花村镇

——汾酒之乡（中国第一批特色小镇）

杏花村镇位于吕梁山东麓子夏山下，汾阳市境东北部，太原盆地西缘，地势西北高、东南低。镇域面积86平方公里，被称为全国重点镇、中华名酒第一村、国家特色景观旅游名镇，全国最大的清香型白酒生产基地、山西省百镇建设示范镇和山西省历史文化名镇。酒已经成为杏花村的独特基因，酒城、酒产业、酒文化塑造了杏花村镇的特色。杏花村镇依托酒产业，向前后延伸产业链，发展高粱种植以及文化旅游和电商，形成第一、第二、第三产业融合发展。

一、高粱种植。汾阳为进一步推进清香型白酒生产基地建设，大力发展配套产业，扎实推行高粱标准化生产，为酒业发展提供标准原料，

— 113 —

把酿酒高粱基地作为汾阳农业的重点工程来抓。汾阳市要求凡在汾阳市注册的白酒企业必须参与基地建设，19家白酒企业按年产白酒量（高粱需求量）确定了连片种植面积32100亩。不仅企业与基地村签订了种植协议，而且对企业制定了奖惩办法。对不参与酿酒高粱基地建设的酒类企业，相关部门将不予年检酒类零售许可证、酒类批发许可证，不予发放酒类随附单；质监部门不予年检酒类生产许可证。对集中连片种植1000亩以上高粱的奖励10万元，2000亩以上的奖励20万元，3000亩以上的奖励30万元，5000亩以上的奖励50万元。汾阳市十分注重应用农业科学技术，发挥特色农业典型示范作用，依靠农业科技自主创新，不断推出新品种、新技术、新规模，为发展特色产业不断注入新活力。一是建立科技推广体系。以市技术站为技术辐射源、区域站为辐射链、村组为辐射点的科技推广网络体系。二是积极引进试验、示范，提供技术储备。近年来，不断引进试验示范新品种、新技术、新模式，筛选出适宜当地的晋杂23号、晋杂18号等新品种；地膜覆盖、叶面喷肥、化学除草、宽窄行种植、精量穴播、高粱机收等新技术新模式。三是技术培训，提高农民素质，解决实际生产中的问题。在关键生产环节深入田间进行现场指导，搞好全程技术指导和服务工作，四是通过农机与农艺结合，集成技术应用，推动了规模化、组织化、效益化。通过贾家庄、中寨、孝臣等酿酒高粱示范园的建设，推广酿酒高粱高产集成技术，为白酒产业提供了优质原料，推进酒业园区建设，带动农民增收。

二、白酒酿造。举世闻名的汾酒厂就坐落在杏花村镇，素有"酒都"之美称。目前形成以汾酒集团、中汾等企业为代表，以白酒生产、销售为主打的企业集群。2016年山西规模以上企业白酒产量10.32万千升，杏花村汾酒集团4.56万千升，占总量的44.2%，其作为山西省轻工行业典范、食品工业振兴龙头的地位不可撼动。汾酒集团龙头企业的发展能够带动杏花村镇18家酿酒企业发展，带动周边2000余人参与到汾酒销售行业中来，形成良好的协同效应。

　　三、文化旅游与电商。酒文化与文化旅游产业的结合成为杏花村建立特色旅游品牌的一大亮点。依托酿造工业，发展旅游开发，其中汾酒文化博物馆是中国第一座酒史博物馆，现有汾酒史、中国历代酒器酒具、汾酒荣誉产品、馆藏书画精品等五个专题陈列馆。围绕酒文化旅游产业，2016年以来，新晋商酒庄不断加强厂区酒文化特色旅游基础设施建设工程。沿高速连线建成了仿古建筑、酿酒体验等新景点，形成了与原有私人储藏酒窖、酒器收藏陈列馆互联互通、交相辉映、独具特色的旅游景点景区。这些景点景区纳入汾酒集团、贾家庄等旅游基地，2016年已计接待游客及参观者2万人次。与此同时，杏花村镇积极发展"互联网＋"项目，以酒类销售为基础，发展了650余家电子商务经销商，成为全省最大的电商聚集地。

## 5.4 以第三产业为主导的特色小镇产业体系构建

### 5.4.1 以第三产业为主导的特色小镇说明

　　以第三产业为主导的特色小镇，其主导产业可以是各类服务业，依托主导产业，可以延伸发展其他第一、第二产业，形成这个特色小镇的产业体系。

表5-7 以第三产业为主导的特色小镇产业体系

| 产业类别 | 产业细分 | 产业类别 | 产业细分 |
|---|---|---|---|
| 批发与零售 | 批发业 | | 开采辅助活动 |
| | 零售业 | | 金属制品、机械和设备修理业 |
| 现代物流业 | 铁路运输业 | 租赁和商务服务业 | 租赁业 |
| | 道路运输业 | | 商务服务业 |
| | 水上运输业 | 科学研究和技术服务业 | 研究和试验发展 |
| | 航空运输业 | | 专业技术服务业 |
| | 管道运输业 | | 科技推广和应用服务业 |
| | 装卸搬运和运输代理业 | 水利、环境和公共设施管理业 | 水利管理业 |
| | 仓储业 | | 生态保护和环境治理业 |
| | 邮政业 | | 公共设施管理业 |
| 住宿与餐饮业 | 住宿业 | 居民服务、修理和其他服务业 | 居民服务业 |
| | 餐饮业 | | 机动车、电子产品和日用产品修理业 |
| 信息传输、软件和信息技术服务业 | 电信、广播电视和卫星传输服务 | | 其他服务业 |
| | 互联网和相关服务 | 教育 | 教育 |
| | 软件和信息技术服务业 | 卫生和社会工作 | 卫生 |
| 金融业 | 货币金融服务 | | 社会工作 |
| | 资本市场服务 | 文化、体育和娱乐业 | 新闻和出版业 |
| | 保险业 | | 广播、电视、电影和影视录音制作业 |
| | 其他金融业 | | 文化艺术业 |
| 房地产业 | 房地产业 | | 体育 |
| 农、林、牧、渔服务业 | | | 娱乐业 |

## 5.4.2 产业选择路径

第三产业即服务业,涉及数十种细分行业,而第三产业类的特色小镇主导产业选择路径包含三个步骤,第一步是建立产业池,产业池建立的主要依据是国家产业发展目录、上位规划以及市场潜力等;第二步是判断吸引力,也就是综合考量产业的市场需求、政策支持力度、产业自身优势以及产业创新性等因素,判断这个产业的吸引力有多大;第三步是判断产业在项目所在地的可行性,也就是综合考量产业基础、产业特色、竞争优势以及人才基础等多因素,衡量这个产业的可行性,通过这三个步骤确定第三产业类特色小镇的主导产业。

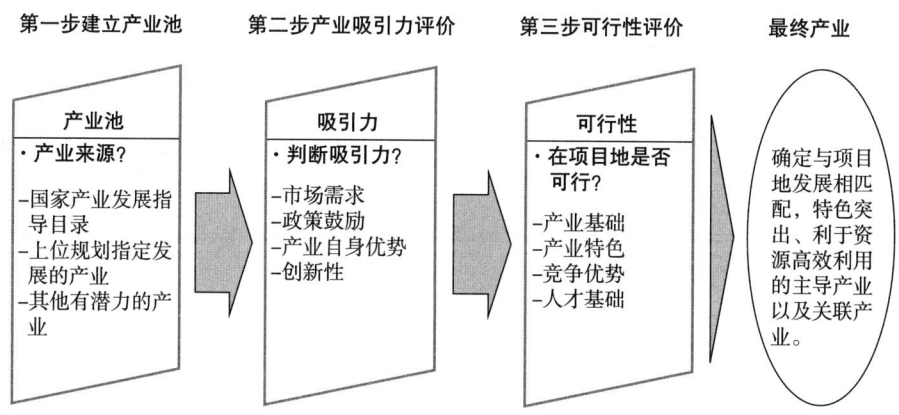

**图 5—13 以第三产业为主导的特色小镇产业选择过程**

注:产业池装入可考虑的产业,通过吸引力—可行性评价,对产业池的产业进行分级筛选,从而得出选择结果。

### 5.4.2.1 产业池的建立

产业池即以第三产业为主导的特色小镇可能发展的所有产业,从以下几个方面来构建:

(1) 项目地及周边正在发展的现有产业所需配套服务业；

(2) 国家产业指导目录或者其他政策鼓励支持发展的服务产业；

(3) 上位规划指定要发展的相关服务业；

(4) 其他有潜力的产业。

5.4.2.2 产业筛选指标及权重设计

以第三产业为主导的特色小镇产业的吸引力指标是针对第三产业本身以及外部市场方面具备的吸引力所设置的。指标权重代表了对产业选择的影响能力，由于特色小镇功能定位及区位条件的差异，指标权重将有所侧重。

服务业特色小镇产业的可行性指标是针对项目所在地发展服务业产业是否具备相应条件以及竞争力所设置的。指标权重代表了对产业选择的影响能力，由于特色小镇功能定位及区位条件的差异，指标权重将有所侧重。

表5-8 以第三产业为主导的特色小镇产业选择吸引力指标及权重

单位：%

| 指标体系 | | 指标内容 | 权重 |
| --- | --- | --- | --- |
| 吸引力指标 | 产业市场需求 | 判断产业的市场需求情况，包括市场增长率、需求增长潜力、市场占有率状况等 | 25 |
| | 产业竞争力 | 判断产业的发展前景情况，是否具备较强的产业竞争能力 | 20 |
| | 产业关联性 | 与产业的前后环节关联度如何，产业带动性如何 | 20 |
| | 政策扶持 | 从国家到地方对产业的支持力度，是否属于鼓励发展产业 | 20 |
| | 吸纳就业能力 | 产业发展与解决就业的比例如何 | 15 |

资料来源：中经汇成。

表 5—9 以第三产业为主导的特色小镇产业选择吸引力指标及权重

单位:%

| 指标体系 | | 指标内容 | 权重 |
|---|---|---|---|
| 可行性指标 | 产业基础 | 项目地是否已有产业基础或者相关产业资源优势 | 20 |
| | 产业特色性 | 是否充分挖掘了项目地的产业资源优势,形成特色产业 | 25 |
| | 产业促进 | 该服务业的发展,是否促进了当地其他产业的发展 | 20 |
| | 配套设施情况 | 产业所需要的产业配套情况 | 20 |
| | 人才情况 | 服务业所需要的人才基础或者引进渠道情况 | 15 |

资料来源:中经汇成。

#### 5.4.2.3 吸引力—可行性模型的建立

根据吸引力、可行性两个指标的权重建立一个矩阵模型,处于右上角的吸引力指标和可行性指标值都较高的产业,可以确定为主导产业。

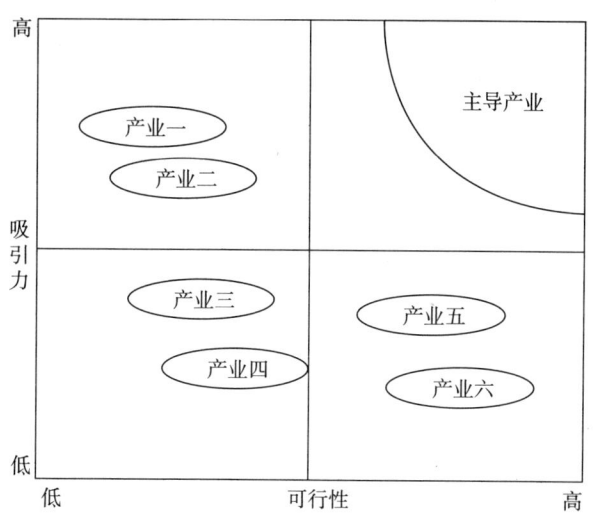

图 5—14 吸引力—可行性产业选择模型

### 5.4.3 以第三产业为主导的特色小镇产业体系类型

（1）以第三产业为主导，延伸发展农业，实现第一、第三产业融合发展。以农业科技服务、营销服务、物流、金融、旅游等相关服务业为主导，延伸发展农业种植、养殖以及林业等第一产业，在以第三产业为主导的特色小镇里实现第一、第三产业融合发展。

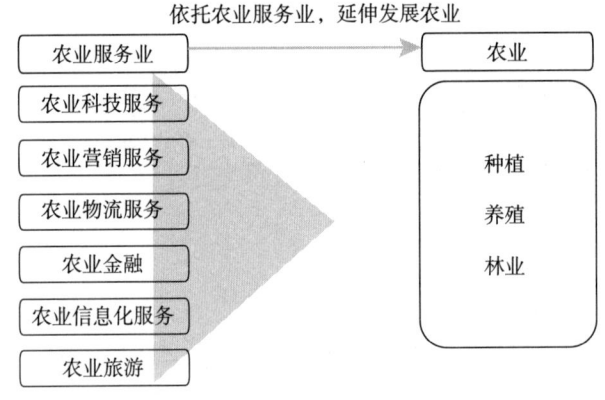

图5-15 第一、第三产业融合发展产业链

---

## 案例六：昆仑养生庄园

——台湾第一座中草药主题农庄

昆仑养生庄园以养生旅游为主导产业，包含养生餐饮、住宿、亚健康调理、医学美容等细分领域，以此为依托延伸发展农业，即中草药种植及野生药用植物约700余种。

展览参观：中草药种植及野生药用植物约700余种，每一种皆设立解说牌，并设置参观步道，游客可深入园区内尽情享受芬多精森林浴，同时一探各式仙草灵药的原始面貌。一年四季不同植物花卉开放，无论何时到来，都能身处花海。

- 春季——缤纷樱花季、恋恋五月雪、荒野精灵——萤火虫；
- 夏季——独角仙、铁甲出击——甲虫王者（锹形虫）；
- 秋季——金针花、枫叶；
- 冬季——杭菊、火焰刺桐、香茅。

教育科普：园内有中医养生馆，馆中收集了多种中医常用药材标本、台湾十大特殊中草药，同时也有八大中医学理介绍、中医师常用10大保健用药及夜市5大名补等。

培育专场：由于冬虫夏草无法人工养殖，因此同样富含虫草素的蛹虫草就成为滋补药膳的首选食材。园内有全台第一家蛹虫草观光工厂。用特殊光谱LED灯光来培育北（蛹）虫草，可大幅提升虫草素和有效成分的产出，加快生长速度。独立的空间和空调系统，除达到恒温控制外，还可以避免外界的污染源。

养生药膳：作为养生庄园，餐点也都是满满的营养均衡。这里的特色是以套餐为主，不同的食材搭配，满足不同人群的口味。

养生体验：芳疗——结合了养生芳疗与按摩，并利用保养品的涂抹和精油香熏来促进身体新陈代谢的循环，能满足身体在视觉上、味觉上、触觉上、嗅觉上的需求，达到一种身心舒畅，强身健体的效果。

（2）以第三产业为主导，延伸发展工业，实现第二、第三产业融合发展。以科技研发、电子商务、零售批发、仓储物流等服务业为主导，延伸发展制造业等工业，从而在以服务业为主导的特色小镇里实现第二、第三产业融合发展。

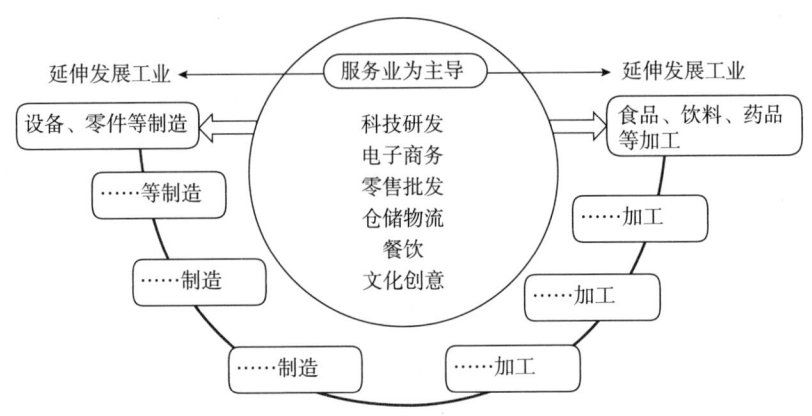

图 5—16　第二、第三产业融合发展

## 案例七：杭州滨江物联网小镇

——浙江省级特色小镇

项目概况：小镇位于浙江省杭州市滨江区东部，规划面积3.66平方公里。核心区1.5平方公里，产业用地1190亩。

产业支撑：主导产业是物联网产业，同时大力发展与物联网产业相关联的信息安全及先进传感设备、核心元器件制造等物联网基础性支撑产业。致力于打造成为智慧安防、智慧社区、智慧教育建设引领区，物联网产业"大众创业、万众创新"示范区，智慧生活工业旅游全景体验区，成为国际一流的物联网产业小镇和应用示范区。打造浙江省物联网产业核心区、长三角物联网产业中心区、中国物联网产业示范区。小镇已建成5万平方米的智慧e谷加速器，正在建设10万平方米的物联网产业孵化器，积极引进创业大街等众创空间，设立了物联网产业知识产权运营基金，集聚了一批创投机构。

（3）以第三产业为主导，延伸发展农业、工业，实现第一、第二、第三产业融合发展。以农业科技服务、营销服务、物流、金融、旅游等相关服务业为主导，依托市场优势、区位优势以及资源优势，延伸发展农业、工业等产业，从而在以服务业为主导的特色小镇里实现第一、第二、第三产业融合发展。

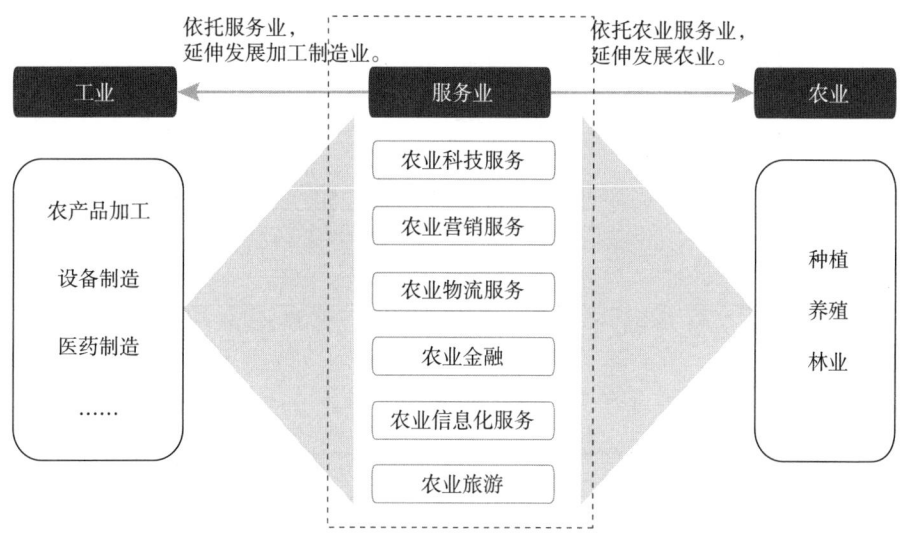

图5-17 第一、第二、第三产业融合发展

## 案例八： 黑莓小镇

项目概况：黑莓小镇位于江苏省仪征市，地处宁镇扬都市圈核心圈层。

发展理念：按照以人为本，尊重特色小镇的生长规律，突出黑莓小镇的产业特色，注重第一、第二、第三产业融合发展，进一步延长黑莓研发、种植、加工、体验产业链，打造具有马集特色的黑莓小镇。

产业体系：以黑莓文化旅游为主导，延伸发展黑莓种植、黑莓加工等，实现了第一、第二、第三产业融合发展。近期在宁镇扬层面打造休闲文化体验目的地，中期在国内层面打造国家级黑莓特色小镇，远期将小镇塑造成为世界级黑莓产业中心。承担科研创新、生产加工、商务办公、休闲体验、绿色种植五大功能。

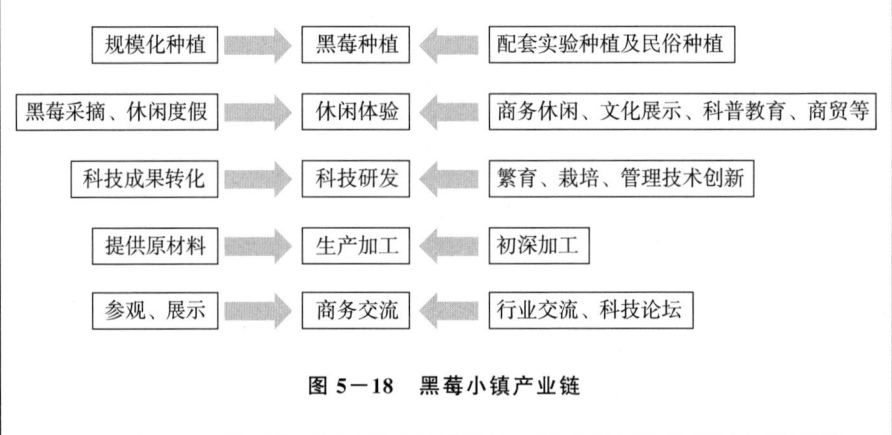

图 5—18　黑莓小镇产业链

# 6 特色小镇空间布局设计

## 6.1 选址策略

选址是指在项目建设之前对地址进行论证的综合决策过程。对特色小镇而言，选址是一项长期性投资行为，深刻影响着小镇的发展定位、投资行为、建设成本、运营管理等，一旦出错，将很难扭转。因此，科学、合理的选址对特色小镇的发展至关重要。而城市综合发展环境、城市资源基础以及地块基础条件都会影响特色小镇的选址策略。

### 6.1.1 城市综合发展环境

城市是特色小镇发展的重要空间载体。不同城市的综合实力、特色功能、发展潜力直接影响着特色小镇的发展速度和质量，甚至决定了特色小镇的成败。而不同类型的特色小镇对城市的综合条件有着不同的要求。因此，特色小镇的选址必须优先考虑城市的选择，进而依据不同城市的特征，结合开发主体对特色小镇发展的战略方向判断进行综合决策。

城市类型的划分依据很多，一般可以按照城市行政级别、城市人口规模、城市职能进行划分，其中城市职能对特色小镇发展适宜性及类型的影响最为直接。为了研究城市与特色小镇选址策略之间的关系，本节按照城市职能对城市进行划分，可分为综合职能城市、特殊职能城市和一般职能城市。

#### 6.1.1.1 综合职能城市——根据圈层定类型

综合职能城市是指能够满足各种社会需求的综合型职能城市，即政治、经济、文化中心，主要包括首都北京、各省级行政中心城市以及综合实力较强的二线、三线城市。该类城市具有较好的资源、市场、产业、交通等综合条件，为各类特色小镇的发展提供了基础。但随着距离城市中心的远近，城市发展条件和综合供给出现差异性变化，并呈现明显的圈层分布，这在一定程度上影响了特色小镇的选址决策。

城区。城区一般指距离市中心车程在半小时左右的区域，土地价格较高，获取土地成本较大，难度也大，但是靠近消费市场，基础设施、人才、技术、合作机构等综合供给较为充分。这部分区域适合发展对市场流量要求较高的商业型特色小镇。

环城与近郊。环城与近郊一般指距离市中心高速一小时车程的区域，土地供应相对较多，交通也相对便利。这部分区域适宜发展对土地和交通敏感的产业型与社区型特色小镇。

远郊。远郊一般指距离市中心高速1~2小时左右车程的区域，生态资源相对优良，距离城区较远，综合供给相对不足；这部分区域适宜发展农业型特色小镇或者吸引力较强的景区型特色小镇。

6.1.1.2 特殊职能城市——根据职能定类型

特殊职能城市是由于资源开发、交通区位或特色产业发展而形成的具有某种特殊经济职能的城市。该类城市的某一经济职能突出，适宜发展与其职能优势相关的特色小镇。因其所依赖的资源条件、交通区位以及特色产业等不同，特殊职能城市的类型也有所不同。考虑到产业资源、旅游资源和消费市场对特色小镇发展的影响，在特殊职能城市中重点研究旅游城市、交通枢纽型城市和工业城市等职能城市对特色小镇选址的影响。

旅游城市。旅游城市的旅游资源具备一定优势，并且已经形成一定规模的旅游客群，同时具备相对完善的旅游基础设施，适宜发展依赖大流量市场的商业型或者文旅类特色小镇。如云南省丽江市，旅游业是其主导产业和优势产业，其丰富的旅游资源、雄厚的客源基础及旅游产业基础，形成了一批以丽江古城、大理古城、哈尼梯田小镇为代表的商业型及文旅型特色小镇。

交通枢纽型城市。通常综合交通枢纽是指位于综合交通网络交汇处，一般由两种及以上运输方式，高速公路、铁路、干线公路、航空港、陆路港等、重要线路、场站等设施组成，为旅客与货物通过、到发、换乘与换装以及运载工具技术作业的场所，又是各种运输方式之间、城市交通与城间交通的衔接处。从区域来看，一个城市是一个整体，必须要有两种及以上外部交通重要线路与城市连接，并有相应的场站与城市内部交通衔接，才能叫综合交通枢纽城市。该类城市交通网络发达、要素流通快，适宜发展产业型或商业型特色小镇。如浙江义乌商贸经济发达，良好的经济环境、巨大的人流量及完善的交通网络为特色小镇的发展提供条件，形成了一批以丝路金融小镇、陆港小镇、光源科技小镇为代表的产业型小镇。

工业城市。工业城市是指具备一个或几个产业竞争力较强的优势工业产业，具有完备的产业要素，并且面临转型升级的机遇，这类城市适宜发展以工业为主导的产业型特色小镇。如袜业是大唐镇的支柱产业，目前形成的袜业产业基础以及传统产业转型升级的需要，为袜艺小镇的发展提供了基础。

### 6.1.1.3 一般职能城市——根据机会定类型

一般职能城市是指除了满足城市基本生活和生产服务需求外，没有明显的特殊经济职能的城市，主要指一般的三线、四线城市。相比前两种类型，一般职能城市并不具备发展特色小镇的明显优势。但因区位关系，某些承接市场和产业外溢型的城市也会具有较好的客源市场和产业基础，这就为特色小镇的发展提供了有利条件。

承接市场外溢型城市。这类城市主要位于大城市群及周边或黄金旅游线路上，承接周边市场外溢，有较大客流量和客源基础，适宜发展依赖大流量市场的商业型特色小镇或者旅游型特色小镇。如彝人古镇位于昆明通往大理、丽江、香格里拉和腾冲的黄金旅游线上，利于分流庞大外溢客源，拓展小镇客源市场。

承接产业外溢型城市。这类城市主要位于大城市周边或者靠近大工业城市，承接周边城市的产业外溢，同时具备产业发展要素和产业发展潜力，适宜发展产业型特色小镇。如廊坊大厂影视小镇位于京津冀经济圈和环渤海经济区的中心地带，借势京津冀地区文创产业转移的机遇，形成了以电影为核心的影视小镇。

## 6.1.2 城市资源基础

产业资源。不同产业对资源要素的要求不同，因而需要从小镇的产业类型出发来研究所选城市的产业资源开发程度，筛选有利用价值的资源，并从空间的相互作用关系出发，进行特色小镇开发地块位置的选择。本节以旅游主导型特色小镇选址为例子，研究基于产业资源选址决策过程。

第一步是看资源开发程度。梳理已开发和未开发的旅游资源，已开发的旅游资源包括A级景区、旅游度假区、主题公园、森林公园、国家地质公园等；未开发的旅游资源包括山坡、河谷、湖泊、水库、温泉、林地、草原等自然资源，以及古建筑、节庆、民俗、非物质文化遗产等人文资源。

第二步是筛选有价值或潜力的资源。对于已开发的旅游资源，需要考察其市场规模、资源等级、市场影响力、经济效益等指标；对于未开发的旅游资源、自然资源需要考察其观赏价值、资源品质、市场吸引力、交通可达性，人文资源需要考察资源特色、文化价值、艺术价值、资源规模、市场认名度、市场影响力、交通可达性等指标。通过这些指标筛选出有价值或者有潜力的资源。

第三步是优选地块。优先选择在高品质旅游资源的周边及范围内，进行联合捆绑开发；其次选择在距离高品质旅游资源3千米范围内，形成客源市场共享或生态环境背景共享；最后选择在高品质已开发旅游资源的交通沿线上，易于实现客源市场的分流。

交通资源。交通的便利性和可达性是保障特色小镇产业集聚和市场进入的基础条件。在特色小镇选址时，应考虑选址地块与城市路网的接驳性和公共交通的可达性，综合判定特色小镇的地块选择。

首先，优先选择城市路网能接驳和公共交通（轨道交通、公共汽车、轮渡等）能到达的地块。其次，选择城市路网能接驳，但公共交通系统不完善的地块。在特色小镇建设后，要注意完善公共交通系统，提高大众游客的可进入性。最后，选择与城市现有网络缺少接驳，但城市规划和交通规划有路网联通的地块，一定要判断该地块及周边的资源具有非常高的潜力和开发价值。并且企业需将路网建设作为开发特色小镇的重要条件和政府协商，完善选址地块的道路建设。

### 6.1.3 地块基础条件

在确定特色小镇项目地的位置之后，还需从微观层面考虑用地条件、资源基础、限制性因素等内容，综合判定特色小镇项目地块的红线范围。

土地条件。特色小镇在建设过程中，需要严格遵守国家对土地管理（如用地性质、容积率、建设高度）的要求。不同类型的特色小镇因定位、功能不同，对面积、容积率以及用地性质的要求也不尽相同。

资源条件。特色小镇选址地块上通常会有山地、河流和遗址遗迹等资源，经过合理开发，会产生事半功倍、锦上添花的效果。如果缺乏巧妙的规划设计和利用，不仅会对资源本身造成破坏，也会影响特色小镇的开发效果。

限制性因素。限制性因素主要指妨碍特色小镇开发的一些自然、人为的景观或设施。在选择地块时，要尽量避开限制性因素，或者采取有效措施解决限制性因素对特色小镇选址的制约影响。其中，常见的限制性因素主要有自然保护区、坟场/殡仪馆、高压线、污染源和居民区等。

## 6.2

## 基础设施规划

### 6.2.1 慢行交通设施

国家发展和改革委员会发布的《关于加快美丽特色小（城）镇建设的

指导意见》明确了特色小镇建设的总体要求,并分别从产业发展、基础设施、公共服务等具体方面提出了指导意见。其中第五点"完善功能,强化基础设施新支撑"中提出"加强步行和自行车等慢行交通设施建设,做好慢行交通系统与公共交通系统的衔接"。未来的特色小镇的发展应充分考虑慢行交通系统的设计和规划,从而塑造运行高效、步行友好、安全健康、尺度适宜的经济及生活环境。

---

**专栏一: 西班牙 Pontevedra**

——无车城镇的步行地图

Pontevedra 这座位于西班牙西北部的小城,总面积约为 118 平方千米,人口约为 83000 人,是目前世界上唯一一个中心城区内没有汽车通行的城市。Pontevedra 3.5 平方千米的中心城区全面禁止机动车辆,步行在交通方式结构中占比超过 60%,是世界上步行城镇最典型的案例。

17 年前的 Pontevedra 与其他欧洲城市相比并无特别,约 5.1 万人口集中在中心城区,面积仅 3.5 平方千米的中心城区每天约有 2 万部车辆通行,交通拥堵,停车困难。于是,在对 Pontevedra 城市交通规划找不到兼顾各方面解决方案的情况下,市长做出了一个大胆的决定:对 Pontevedra 中心城区的机动车辆进行全面禁止,具体措施主要包括:

(1) 将整个中心城区划定为"无车区",除警车、急救车辆以及一辆交通巡逻车外,禁止机动车辆通行;

(2) 无车区范围外可以开车,但是从 2010 年起限速 30 码;

(3) 在无车区外围各个方向规划大型停车场,提供约 8000 个停车位,其中很大一部分是免费的,居住在郊区的居民可驾驶机动车到达无车区外围,再将车停在停车场,步行至目的地(停车场对停车时间有着严格规定,大多数最长停车时间为 24 小时,最大限度地避免日常通勤以外的肆意占用）；

（4）将无车区范围内的停车场及停车位改为绿化及广场用地，在规划中加强室外市民活动交流空间建设；

（5）将无车区范围内的车行道改造成人行道，并加强街道路面铺设、道路标识、休憩设施等基础设施建设；

（6）大型超市、大型商场等人流量集中的公共建筑均建立在无车区范围以外。

Pontevedra的无车交通规划主要反映在一张"地铁运行图（metro-minuto）"上，当然，Pontevedra并没有地铁，这张图的真正意义其实是一个"无车区步行时间计算地图"。图上包含的信息主要有：

（1）无车区内主要功能节点的位置；

（2）各节点之间可选择的步行路线和相应的步行时间；

（3）公园位置和徒步小道；

（4）无车区外停车场的位置（标明收费和免费）；

（5）公共交通站点位置。

## 6.2.2 生活与服务设施

特色小镇提供的是一种全新的生活方式，一种更优质的生活体验，因而生活与服务设施的建设应以现代化、人性化和高品质为标准，目的是改善居民的生活环境，提高居民的生活品位，这样可以充分满足小镇居民工作生活的需要，吸引创业人群，使其感受到小镇生活的舒适与自在，提升小镇宜居指数和幸福指数，增加小镇居民对小镇整体的归宿感。特色小镇居民一般包含三类主体：一是本地居民，将获得更优质的公共服务条件、更完善的社会保障机制、更多的就业机会、更高的收入水平；二是外来消费群体，包含但不限于游客、艺术家群体、设计师群体等，以新兴城市中产阶级为代表，将获得优质的特色产品和充满新乡土感的休闲度假体验；

三是创业或投资群体,既有外来投资者,也包括本地创业者,他们在为特色小镇引入崭新的思维方式和生产模式的同时,也创造和分享一种基于乡土优势的人文生活模式。

而国家发展和改革委员会发布的《关于加快美丽特色小(城)镇建设的指导意见》中提到"要按照适度超前、综合配套、集约利用的原则,加强小城镇道路、供水、供电、通信、污水垃圾处理、物流等基础设施建设。"意见虽未明确提出未来特色小镇的城市开发建设模式,但"适度超前、综合配套、集约利用"的原则已经表明特色小镇需要改变传统的城市建设理念。因此,小镇的生活与服务设施可以从以下几个方面着手:根据小镇功能布局的要求,合理安排路网结构,建立主次分明、分工明确、设施完整的道路系统;打造小镇完善的社区功能,同时结合当地的自然资源,形成现代与古朴相结合的奇妙景观,打造富有现代化气息和高度信息化的小镇"客厅",不仅是面向外来的创新创业人员,也为本地原居民提供更多更好的居住环境;同时建设齐全医疗、教育、行政服务、商贸服务和休闲设施等,实现公共服务不出小镇;建设游客接待中心、宾馆酒店、旅游购物店等旅游配套服务设施;建设公共休息设施、观景设施、停车场、无障碍设施等,为公共活动提供方便。

### 6.2.3 信息基础设施

国家发展和改革委员会《关于加快美丽特色小(城)镇建设的指导意见》中"完善功能,强化基础设施新支撑"部分提出:"建设高速通畅、质优价廉、服务便捷的宽带网络基础设施和服务设施,以人为本推动信息惠民,加强小城镇信息基础设施建设,加速光纤入户进程,建设智慧小镇"的要求。可以说,智能化、物联网的时代已经到来。智慧型的特色小镇要建立在智能型的信息基础设施之上。通过各种数据的采集、存储、整理、识别、分析形成完整的产业链。智慧城市中的一切应用都要建立在这些数据的基础上。如果没有统一整合的信息基础设施,智慧小镇建设只会成为一个个分离的"数字孤岛"。

从 20 世纪 90 年代新加坡"智慧岛计划"的首次提出到 2009 年 IBM 公司"智慧地球"理念的全面尝试，智慧技术在城市规划和运营中的应用从未间断。韩国的 U-CITY 计划将智慧技术在城市中的应用分为三个层级：第一层级是进行智慧基础设施建设，从而构成整个应用的技术基础；第二层级是综合运营中心的构建，它的主要作用是进行信息收集；第三层级是利用这些收集的信息提供各类智慧市民服务，这也是智慧城市应用的终极使命。根据 IBM 提出的"智慧地球"理念，智慧技术在城市中的应用一般分为三大类型：第一类是城市规划管理，包括公共安全、政府管理、城市规划等；第二类是基础设施建设，包括水、能源、交通等；第三类是民众生活，包括社会活动、医疗保健、教育培训等。其中，在社会治理中采用互联网技术，以推行电子政务和建设智慧小镇为抓手，以数据集中和共享为途径，能够推动各级政府部门打破信息壁垒，有效提升小镇规划、建设、管理、服务的智慧化水平，并通过"互联网＋教育""互联网＋医疗""互联网＋文化"等惠民工程，让互联网发展成果惠及小镇人民。

然而，在以往的智慧城市建设中，都是一个项目一个部门一个行业去进行智能化，如今天去做智慧交通，明天去搞智慧教育，或者后天又去做智慧医疗，但是这样的做法往往会造成信息孤岛，各个系统之间的信息没有连接。因此，在智慧小镇的建设上，最迫切的需求是建立一个统一的数字平台。只有所有的同行一起合作，建设一个开放的、开源的平台，才能形成一个巨大的生态系统，真正为智慧城镇提供基础信息系统的服务。

## 专栏二： 美国迪比克市智慧城市管理

智慧城市管理——迪比克市位于美国爱荷华州密西西比河沿岸，是一座人口不到 6 万人的小城市，它是 IBM 公司提出"智慧地球"理念以来在美国与当地政府合作建设的第一个智慧城市,迪比克市的智慧城市解决方案共涉及 20 多个行业和 8 个政府及联邦部门,同时也是该市可持续发展计划的重要组成部分。迪比克市通过智慧技术和策略的探索和应用,将各类重要的城市服务系统数字化并彼此连接起来,智能化地响应市民的需求。更重要的是,这些重要数据反映了居民对城市资源和服务最真实的需求和分布情况,这些数据的分析、整合及优化结果直接体现在了迪比克市相应的城市规划修编及政策制定上,更高效地实现了水、能源、交通运输等重要城市服务,同时最大限度地减少了对环境的影响。

智慧用水监测——迪比克市为了实现全市用水智能监测,迪比克市首先为市民更换了智能水表,它们实时监测着居民的用水情况,不但可以定时定点收集数据传送至专门的数据控制中心,如果哪家发生了泄露,它也可以向数据中心及泄露用户发送报警信息。迪比克市有一个页面简单粗暴、通俗好用的城市用水门户网站可以清楚地看到这些实时监测数据。门户网站分为城市管理者和城市居民两个入口,对城市管理者而言,他们可以通过地理信息和大数据系统纵观整个城市的用水情况、泄露情况、泄露修复进度及可持续碳足迹等情况;对城市居民而言,他们不仅可以清晰地查询到自己每天的用水量以及相应的水费和碳足迹,还能及时接收到漏水通知减少损失,有兴趣的话还能看到与自己历史用水数据的纵向比较以及与全城用水情况的横向比较,从而对自己的耗能有着更清晰的认识,达到教育和警醒的目的。迪比克市的智慧水电监测系统的效果还是比较明显的,据试点阶段约 300 户家庭的用水数据显示,一年期间,这些家庭的用水量平均减少了 6.6%,对漏水的及时响应度提高了八倍,在用电方面,也产生了类似的积极影响。

> 智慧交通出行系统——迪比克市的公交系统曾经也很令人头疼，1980~2010年的三十年间，公交里程不断增加，投入费用与运营成本不断攀升，但公交系统的实际运营效率并没有得到有效提升，改善城市拥堵的作用也很有限，迪比克市市民越来越不愿依靠公交出行。2010年，迪比克市市政府决定借助智慧城市的建设，在数据分析的基础上重新设计更为科学的公交路线。

## 6.3 形象风貌规划

小镇的形象风貌是小镇内在属性状态的外在显现，直接体现了小镇的人文历史和品位意境，其规划设计应注重以下几个方面的把握。

### 6.3.1 统一性原则

统一的风格是小镇建设的原则性前提，小镇整体规划、建筑设计、硬件设施都应当坚持"一镇一风格"的原则。建筑、开放空间、街道、绿化景观和整体环境都要体现相应的特色并保持基本协调一致，具有较为统一和鲜明的风貌特征。新建建筑既要与时俱进，又要与原有建筑及周边环境相配合，保证新旧建筑在关系上的一致性。

### 6.3.2 集中性原则

特色小镇具有紧凑而明确的空间范围，是优势产业的发展聚集地，因此规划空间要集中布局，不能追求满铺式大面积建设，不能"大而广"，而是要力求"精而美"。建筑尺度要人性化，满足生活化的使用需求。

### 6.3.3 地域性原则

风貌的建设塑造要充分融入地域文化元素，根据小镇的历史文化和产业特征进行筛选提炼，确定适宜的建筑风格，运用优秀的空间形式、色彩肌理、装饰符号等形成具有明显地域特色的建筑形式与景观风情，使小镇表现出典型的地域文化印记，在此基础上创造新的城镇空间形态。特色小镇的建筑风貌要充分利用当地的地形与地势，因地制宜地改造而不是照搬城市的建设模式，在规划设计中要保留体现乡野村镇特点的地形地貌构成，凸显小镇自然风光格局特色，巧妙利用借景造景等手法将自然风光引入小镇空间视野。建筑材料方面要充分体现本地化特征，利用如石材、木材、竹材料等当地原生材料。特色小镇的公共空间和景观设计要符合小镇人群的现代生活和休闲趣味。对自然风景、公共设施、人文环境和民俗风情的景观元素进行合理搭配，促进城镇空间中人与自然的协调。对地域文化色彩浓厚的乡村景观，要根据其自然地理条件、民间传说、风土人情等方面的特色，注入文化渲染元素。公共空间中新增的人工景观应赋予民俗文化特色，点缀具有文化标志性的图腾符号等，将历史风貌与时代特色相结合，展现特色小镇丰富的文化底蕴。

### 6.3.4 保护性原则

对于古村落和建筑群要保留文物古迹和历史遗存，不可人为破坏和随意拆建，做好古民居建筑和古街道的合理修复修缮工作，实现传承历史文脉与创新城镇形象风貌的完美结合。规划设计中不能忽略小镇原有的空间结构，不能消解甚至打破原居民的生活生产方式，不能因此减弱了居民对小镇的归属感。建设中需注意既保持原有居民所具有的生活习惯，又能适应当代城镇区域建设的布局规划。例如，陕西古镇青木川镇，地处陕甘川三省交界处，历史悠久，深受秦巴文化、羌族文化和民国时期草莽文化的影响，促使其产生了独特的历史人文环境，也出现了多样化的建筑风格。古民居、古祠堂、古栈道、纪念碑等人文景观丰富，建筑古朴独特、雕梁画栋,是不可再造的历史文化遗产。青木川的建设开发坚持自然环境与历史风貌保护优先和整体性规划原则,新建区域在建设过程中注重以整体风貌的保护为主,老区"两山夹一川"的空间特征保存完整,并结合当地地势和河流的实际情况对古镇空间轮廓线和景观层次进行合理的利用。小镇保留了古树、古井及庭院等特色空间,完善街道青石板铺面,保持了现有的街巷空间尺度、空间形态特征和建筑风格。新建建筑以土木结构为主,其高度、色彩、细节构造均与传统建筑相符合,很好地融入了原有聚落空间。青木川凭借其悠久的文化积淀和良好的自然人文景观特色,已发展成为国家4A级旅游景区,成为陕甘川等地广大消费群体乡村文化旅游的首选。

## 专栏三: 松溉古镇

——根植于地方"乡愁"特色的形态构建

松溉古镇是重庆市首批命名的历史文化名镇,位于永川市南端,距永川城区40公里,顺江而下到重庆143公里。古镇地处丘陵地区,山体较多,西、北、东三面环山,且紧邻长江,水运交通发达,三条溪沟由东至西贯穿。同时古镇依据当地山势和水形进行了整体布局,街道蜿蜒曲折、起伏有序,房屋依地形而建,形成错落有致的空间层次。

尊重历史,以建筑空间场所营造延续地方历史文脉:巴渝民众"性轻扬、喜虚称"的出世思想以及简、恬、勤、拙的品质,使得当地传统建筑具有很强烈的自然原生性。当地丰富的民俗活动在古镇形成了众多的民族文化场所,如会馆、祠庙、茶铺、戏楼等,其建筑形态不拘一格自由奔放而又不失稳重。

尊重文化,通过建筑空间格局营造保护和弘扬地方传统文化:当地的宗教文化对建筑形态有重要的影响，古镇上的四合院多符合宗法礼教的中轴对称原则，虽然有些建筑形态由于自然环境、经济水平等多方面因素的限制，建筑形态因受到不同程度的影响而导致变形，但整体的建筑形态趋势还是以对称为主。尊重自然，以建筑小品及设计元素提炼构建山水脉络独特风光：古镇建筑材料都来自于当地，多用石材、竹子、木等天然材料，与周边自然环境相协调，使建筑保持朴实自然的同时，表现出独具巴渝特色的建筑形态，这些特定元素传达的信息其实是记忆深处特别情感的体现，也是唤起"乡愁"的重要手段。

# 7 特色小镇运营管理

特色小镇作为经营性资产,其运营能力决定了未来资产的价值是印钞机还是无底洞。项目前期的招商、未来开业后的营销系统、运营管理系统、物业管理系统,这些环节都需要建立标准化的流程或者解决方案。而这些关键操作环节共同决定了小镇运营的成败。

# 7.1
# 运营模式的选择

## 7.1.1 政府主导模式

政府主导模式包括两种情况,一是政府全权负责投资建设以及运营和管理;二是政府负责投资,委托运营商建设运营。政府主导模式的优势是政府具有绝对的控制权,推进进展快;劣势是政府财政压力大,同时也面对着后期运营的大批投入。

## 7.1.2 政府与企业联动发展模式

政企联动发展模式是政府负责小镇的定位、基础设施和审批服务,并通过市场化的方法,引进社会资本投资建设,承诺投资方在一定时间段内有运营权,到期后再将运营权归还政府。这种模式的优势是可以缓解政府的财政压力;劣势是所有权与运营权分离会导致介入企业的短视行动,同时回收后对政府来讲仍旧是一个较大的累赘。

## 7.1.3 以企业为主导的模式

以企业为主导的模式是由某一企业或多家企业联合参与投资建设运营,

通过政府购买或用户付费获得收益，受政府的治理和监督。这种模式的优势是可以减轻政府的财政压力，引发市场活跃度；劣势是需要寻找连续的盈利模式。

### 7.1.4　以非营利的社会组织为主体的模式

在国外的一些城市，由市民组建一个治理委员会进行治理，这是以非盈利的社会组织为主体的模式。这也是今后特色小镇运营可借鉴的一个模式。

## 7.2 运营盈利模式

运营体系需要走在小镇建设实施之前。只有将运营工作前置，小镇的生命机能才能完整，生命力才能旺盛。运营要充分考虑与当地原住居民的融合。人居、产业与自然的有机融合是这一轮特色小镇建设的基本诉求，充分调动原住居民参与的积极性，并且能让其在小镇升级建设中谋取福祉，这样会让小镇的生命力更持久。同时，鉴于小镇运营的系统性、复杂性、精细性和专业性，建议用独立的运营公司负责小镇的全盘运营工作。只有独立市场运营，才能够让小镇的灵活度和新鲜度得以保持，才能使得区域、小镇、进驻企业实现三方共赢：①小镇以及小镇所在区域在GDP、税收、产业集聚、人才就业等方面取得明显进步，区域产业结构进一步优化，区域创新环境与创意氛围进一步完善，小镇居民就业与生活得到进一步改善；②小镇投资商/运营商实现盈利，形成自己的商业模式与品牌，非地产性收入逐渐增加，并成为主要盈利点；③进驻企业通过产业集聚，在达成技术进步和实现产业化发展的同时，获取更多前沿理念和市场机会，树立企业品牌。

综合来看，小镇的盈利收入主要来自两部分：地产增值和产业增值。产业增值又包括产业投资、中介服务、平台服务、政府补贴、税收奖励五个方面。地产增值是指依附在土地溢价基础上的一种盈利模式，通过建设工业厂房、物流仓库、办公楼宇、商业配套设施并以出租出售方式供企业使用，同时提供物业服务。产业增值是通过产业运营和享受关联政策获利。客观地说，过去很多产业园区或者产业新城主要依靠地产增值，而小镇应坚决杜绝"重地产、轻产业"的情况，因此小镇主要依靠产业增值获利。

### 7.2.1 产业投资

产业投资盈利模式主要是指运营商建立或控股专业性的产业投资机构，如天使基金、VC、PE 等，以此开展项目投资，或者利用孵化期的优势对进驻的潜力企业开展多种形式的股权投资，实现企业成长并获取长期收益。

### 7.2.2 中介服务

中介服务营利模式是指运营商整合产业资源，引进各类中介服务机构，向进驻企业提供工商注册、融资信贷、法律咨询、人才外包、资质认证、技术中介、管理咨询、知识产权服务、网络通信服务等全套的产业服务，并向服务提供方适当收取佣金的收益模式。

### 7.2.3 平台服务

平台服务营利模式是指运营商通过组建专业咨询部门或专业化公司，自主建立公共服务平台，如中介机构，为进驻小镇的企业提供针对性的技术服务、市场营销服务、金融信贷服务、管理咨询服务等，直接获取咨询性、服务性收入。平台服务还可以通过 BPO（商务流程外包）等形式获取长期、稳定的收入。

### 7.2.4 政府补贴

从国家、到省市各级政府都制定了一系列支持小镇建设与发展的政策资金，根据专款专用的原则划拨给小镇。另外，针对一些创新性或者特色性的产业，区域政府也会给予一部分财政补贴，以支持产业发展，促进区域产业升级。

### 7.2.5 税收奖励

税收奖励是指小镇的企业上缴的税收，会有一部分被返还至小镇，支持小镇建设或者用于扩展招商，堪称区域政府对小镇的"绩效奖"。

然而，每个特色小镇的建设经营各有侧重，收入来源比重不同，但从小镇收入构成和比例额度上，不难看出小镇的经营定位和运营能力。

## 7.3 运营管理内容

小镇的运营需要完成实施规划、建设、招商、运营的一体化操盘，形成小镇发达的社会网络组织和专业化服务分工机制，通过产业关联打造一个类似生物有机体的产业生态链，主要包含物业管理、商业配套、产业运营以及社会治理四大核心内容。[1]

### 7.3.1 物业管理是基础

物业管理是小镇运营过程中最基础性的管理，为小镇居民与进驻企业

---

[1] 阎立忠. 产业园区/产业地产规划、招商、运营实战［M］. 中华工商联合出版社，2015.

提供基本的保障，让企业能够把主要精力放在企业发展上，让居民能获得舒适的生活环境，而没必要过多地耗费时间在非主流业务上。小镇物业管理涉及水、电、暖、空调、通信网络、卫生、停车、安全保卫等事宜，需要具备规范化、信息化、智能化的物业管理生态体系，制定标准化的管理流程，以及应激性的处置措施。

#### 7.3.1.1 秩序维护

人员要求：小镇所有物业管理工作人员在工作期间要统一着装，佩戴工牌，仪容仪表规范整齐，定期进行培训，确保人员素质水平。

智能监控：通过人脸识别、智能门禁等智能设备做好小镇来访人员的记录，小镇配备智能监控设备，并做到24小时设备运行，覆盖小镇主要道路和出入口。

应急预案：小镇的箱变等部位贴上安全警示标志；做好火灾、浸水等突发事件的应急处理预案。配备智能预警设备，一旦有险情，自动预警。其中，文旅小镇更要做好人员拥挤、踩踏等意外事故的应急处理预案。

#### 7.3.1.2 设施维护

项目设施：小镇产业的不同，配备产业需要用的设施可能不一样，要确保设施运行正常，维护良好，保养检修制度完备，有设施运行记录；针对设施故障及重大事件或突发事件有应急方案和现场处理措施、处理记录。

公共设施：对小镇的照明、供水、排水、电梯、智能化、消防等系统定期巡查，做好巡查记录，需要及时组织维修并严格遵守操作规范及维护规范。

#### 7.3.1.3 餐饮卫生

按照高要求高标准确保餐饮的卫生，一旦卫生出问题，整个小镇的品牌是最容易受影响的，因此，必须杜绝卫生事故的发生。

厨房卫生：保障地面无积水杂物油渍，保持厨房光洁明亮，墙面无尘无死角；随时检查灭蝇灯是否正常工作，定期清理灭蝇灯，确保外表无尘土无污渍。

垃圾处理：处理固体废弃物应分类，指派专人进行清理，采取"四定"

办法即定人、定物、定时、定质量划片分工,包干负责。

餐厅环境:餐厅应光洁明亮,干净无油渍,餐具用具无油腻杂物污染等,同时结合小镇的特色文化,做好用餐环境的文化、情调打造。

#### 7.3.1.4 车辆管理

车辆检查:门岗对小镇人员、车辆出入进行查证、验证,或者通过智能化的手段,对人员、车辆的控制管理做好记录。

停车场管理:利用智能化设备,对小镇车辆进行管理、疏导,保证车辆停放整齐,场地清洁卫生。有条件的特色小镇可以配备立体化、智能化停车场,对车辆进行智慧管理。

#### 7.3.1.5 增值服务

物业服务延伸至入驻企业内部以及居民家庭,提供家政、定时定点清理保洁、一般设施维修、租车、送餐、送水服务等。

### 7.3.2 配套服务是保障

小镇的配套服务是指为满足小镇内部企业员工以及小镇居民的日常生活需要而发展的各式住宅、医院、学校、餐厅、超市、住宿酒店、街区商场、银行、通信公司、咖啡店、健身房、广场、公园、酒吧、美容美发、书店、图书馆、影院、文印等配套设施。

然而处于不同圈层的特色小镇对于配套服务的要求还不一样。靠近中心城区和近郊地带的特色小镇可以利用一部分中心城区发达的商业环境以及完善的商业设施条件,满足小镇内部员工的日常生活需求,包括员工家属的上学和就医诉求。然而大多数特色小镇并没有具备"天生丽质"的条件,都处于相对独立的或者远离中心城区的地方,需要小镇重新建设相应的配套服务设施,包括学校和医院。

小镇配套服务设施的运营管理包括开展商业招商、店家更新以及商业物业管理。在前期,小镇适当牺牲一些经济利益,先争取急需的配套商业店家及时进驻,保障小镇经营运转起来,从而保证小镇产业招商的顺利开展和进驻企业的正常运转。小镇进入稳定期以后，根据小镇的整体需求和企业、居民的现实需求，适当调整商业业态，补充、更新商业店铺及综合配套设施，切实提升小镇综合服务水平。

### 7.3.3 产业运营是核心

产业运营是特色小镇的核心，决定着特色小镇的未来。产业运营涵盖的专业领域非常广，涉及的公共关系非常多，是一个工作周期相对长、工作复杂程度高的系统工程，而且效果也不可能立竿见影，需要认真、耐心与毅力，需要复合型人才，产业运营主要包含产业环境打造、产业招商、孵化器、公共服务平台打造、公共关系管理等在内的专业服务以及小镇内生发展等多方面的内容。

#### 7.3.3.1 产业环境搭建

营造所规划产业的良好发展环境包括软件方面的公共政策与产业扶植政策等，硬件方面的行业设施配套。

软件方面。根据不同产业发展的不同阶段制定激励企业发展的政策，如高新技术企业在刚入住小镇的时候给予免租金或者租金折扣的优惠，后期再给予研发补助等激励政策；对于商贸型的企业，可免费搭建社区平台，协助举办展销会等；对于农业企业，给予提供专家服务等支持政策，营造一种良好的发展氛围；对于旅游企业，帮助与周边景区搭建合作平台，共享客流等。

硬件方面。根据产业的需求提供行业设施配套，如工业产业所需的物流配送、展览展示，农业种植灌溉所需的配套设施，旅游行业所需的停车场、公厕等，以及创业企业所需的公用办公室、实验室等。

#### 7.3.3.2 产业招商

产业招商是基于特色小镇产业规划确定好的产业定位，围绕产业的主导产品及其上下游产品，引进高端产品生产技术，拉长技术链，营造主导产业，引进终端产品制造企业以及相关服务配套企业，形成完整的产业链招商，并形成产业集聚,为进一步提高招商引资的竞争力而采用的一种招商模式。

招商模式。产业链招商一般分为两种模式:一是从大到小的模式,先选取产业链上的核心、龙头企业,进而吸引相关中小企业入驻,形成核心产业集群,然后在此基础上吸引其他配套产业,完成产业生态圈的构建;二是从小到大的模式,优先引入产业链中的一群中小型企业,通过小镇有序健康的竞争筛选成就一部分大企业,同时在小镇生态完善的基础上再引进一批大企业,从而形成核心产业群。

形象宣传。产业链招商需要重视形象宣传,应该串联起区域发展环境、区域产业链成熟度、生产要素保障、成本税收等因素,再匹配园区完善的服务体系和服务平台,为企业或者企业家呈现出最全面、最舒心、最专业的企业发展体系,突出园区的品牌形象,从而实现招商的目的。

资源对接。产业、企业的发展离不开各种支持,因此运营商需要尽量对接产业相关的专业资源,如行业协会、产业联盟、科研机构、金融支持、人力资源等。资源的有效对接能够真正丰富小镇的产业内涵,促进产业的集聚,是企业入驻的关键一环。

小镇营销。产业招商的营销必须关注三个要点:企业决策者、企业家主要的信息渠道、明确的营销内容。小镇的营销必然是润物细无声的软性推广,可借助产业论坛、产业发展峰会、研讨会、沙龙、热点政策解读讲座等方式,通过邀请政府官员、专家、学者、龙头/代表企业家等参与到活动中,在活动中再以某个问题、某项政策、某个观点等进行解读、分析、辩论,与企业家产生共鸣,展现专业度的同时,顺便将小镇的解决方案展示出来,如此方能让其产生兴趣,进而深入了解,进而产生信任。

#### 7.3.3.3 专业服务

针对所规划产业的入驻企业建立系统全面的公共服务体系,开展有针对性的公共服务和增值服务,是小镇运营里最重要的内容。主要包含创业孵化、公共服务平台、公共关系管理三方面的内容[①]。

---

① 阎立忠. 产业园区/产业地产规划、招商、运营实战 [M]. 中华工商联合出版社, 2015.

创业孵化。小镇的核心是产业，而产业是依托当地的特色资源来发展的，从资源变成产业需要一个过程，孵化便是其中一个环节。因而小镇需要提供孵化器的服务，让初创企业获得一个健康成长的"温箱"，让产业在小镇生长起来。而孵化服务就是做好"提供环境""科学喂养""引导锻炼"三件事。"提供环境"就是给小微企业提供适宜的成长环境，即创业氛围、产业环境；"科学喂养"就是给予它们充足的营养，即提供政策、资金、信息和管理培训扶持，让企业"吃得饱、喝得足、长得壮"；"引导锻炼"则是针对企业的具体状况，指导技术研发，促进市场摸索，帮助融通资金。很多初创企业好比养鸡场里的雏鸡，没见过世面，没经过历练，还必须提供一些自我锻炼、自我成长的机会，让他们能够自己"捕食"，能与对手"掐架"。

针对不同产业的特色小镇，所需提供的孵化服务业不一样。其中，以第一产业为主导的特色小镇，孵化器运营需要一支具有相应农业知识、技能的专业管理团队，还需要提供财务、电商、农技、融资等服务，帮助农业企业加快形成农业品牌、促进产业链延伸、打造农业龙头企业等。以第二产业为主导的特色小镇，可为初创企业提供办公场所、实验室、商务、资金、信息、咨询、市场、培训、技术开发与交流、国际合作等多方面的服务。以第三产业为主导的特色小镇，如"旅游＋"的孵化，通过"旅游＋"可促进旅游产业和相关产业的融合发展，激发发展活力，另外还利于特色小镇的品牌打造。"旅游＋"的孵化主要依托其他产业，运用旅游提升的手法，通过体验化、互动化的设计，提升附加价值，并进行会议化、培训化等后市场休闲集聚服务的扩张，做到延伸产业链条的作用。"旅游＋"的孵化需导入旅游服务、文化创业服务、互联网服务等机构和平台。

公共服务体系。公共服务体系是小镇运营商对接进驻企业并借服务赢得回报乃至共赢发展的重要载体和实现途径，对改善小镇环境和促进产业发展具有重大的意义。公共服务平台的完善与否很大程度上预示着小镇发展的后劲，完善的公共服务平台是小镇发展的前提，是衡量小镇核心竞争力的重要指标之一，具体包含技术服务、金融服务、市场服务、人才服务、信息服务和经营管理服务等内容，每一项内容又包含很多具体工作，大体如表7—1所示。

表7—1 小镇公共服务体系

| 小镇公共服务体系 | | | | | | | | | | | | | |
|---|---|---|---|---|---|---|---|---|---|---|---|---|---|
| 技术服务 | | | 金融服务 | | | 市场服务 | | | 人才服务 | | | 信息服务 | | | 经营管理服务 | |
| 知识产权服务 | 技术试验化 | 技术检测认证 | 企业股权融资 | 企业债券融资 | 企业上市辅导 | 市场营销策划 | 市场渠道对接 | 直接购买产品 | 人才招聘中介 | 认识外包服务 | 建立人才市场 | 行业信息交流 | 科技信息交流 | 文化信息交流 | 一般事务协调 | 管理咨询培训 | 参与企业管理 |

综上所述，小镇公共服务体系涉及的内容很多，根据定性分类，可以将其分成基础型服务、引导型服务和发展型服务三类。

(1) 基础型服务。

基础型服务是指这类服务的业务内容在没有小镇运营商协助的情况下，企业也完全能够自行解决，但通过小镇运营商协调帮助，可以提高办事效率。这类服务包括经营管理服务中的一般性事务协调，如工商注册、法律咨询、财务服务以及人才服务中的人才招聘中介等。

(2) 引导型服务。

小镇的发展依靠产业的发展，而产业的发展依托于企业的不断提升，要求企业不断提升知识、经验、能力，而引导型服务对企业成长至关重要。例如，国家各级政府、各个部门的特色小镇发展政策、产业扶植政策和资金补贴项目很多很杂，甚至有些地区的产业政策成百上千，企业精力有限，特别是对于"正在路上"奔波、急于享受优惠政策的中小企业来说，需要有机构、有专人帮企业有针对性地梳理更适合自己的政策，更容易获得项目。因此，小镇有必要为进驻企业提供政策引导服务、项目申报服务及产业研究服务，避免企业被"忽悠"去争取不大可能成功的政策和项目。此外，还有经营管理培训、知识产权培训、信贷产品推介、行业信息交流及营销理念疏导等引导型服务。

（3）发展型服务。

小镇运营商可以参股企业或为进驻企业提供深层次服务，如融资担保、市场营销策划和渠道搭接、技术转移服务和专业技术平台，以及产业链招商与对接服务等，这些技术含量高、操作难度大的公共服务恰恰是企业成长、做大做强不可或缺的。这些服务内容要求运营商做足功课、备足"底料"，从原来的"保姆式"服务上升到"教练式"服务，指导企业如何经营、如何创新。

合格的运营商应该懂得产业链，应该知悉产业集群，应该懂得如何搭建产业平台，把产业资源聚集起来、整合起来，产业链上的企业可以形成分工协作，实现产业间的对接交流和产业互助，从而大大提升产业效率和产业效益。

公共关系管理。在小镇建设运营过程中不可避免地与政府、行业机构和相关社会团体产生工作往来和业务联系，这就是小镇的公共关系工作。其中，产业运营过程涉及的公共关系很多，如政府的工商、税务、人事、科技、文化、信息化等各智能部门，报社、广播台、电视台、门户网站等文化宣传部门，以及金融、财务、法律、知识产权、技术转移、管理咨询、产业规划等各领域的中介服务机构，这些公共关系都需要在产业运营部门进行打理维系。在小镇运营管理工作中，公共关系建设是重中之重。

#### 7.3.3.4 内生发展

小镇内生发展是指通过小镇的产业运营和开展各项增值服务工作，为小镇自身形成一种"投入且产出"的经济回报方式，从而使小镇的运营业务形成良性循环，构建小镇可持续发展模式。如通过为进驻企业提供项目申报服务，在企业获得政府支持资金的同时，小镇运营服务部门适当提取服务酬劳；为进驻企业提供营销策划和产品推广服务，并获得销售回报；直接注资有潜力的创业企业或通过多种服务，以服务换股份，成为潜力型企业的股东，在未来获得更大的经济回报。

## 7.3.4 社会治理是重点

当前,对特色小镇的解读和研究甚至是运营,更多地注重经济、产业等方面,而比较忽视对于社会治理视角的研究。然而,特色小镇是提供生态、生产、生活"三生"一体的载体,会聚集着来自不同地方的人,这些人成为邻居,形成一个小社会,必然衍生出社会治理的需求。

党的十八届三中全会第一次用"社会治理"代替"社会管理",是我党在改革进入深水区之后针对社会管理领域有效创新的新探索。这种改变必然意味着党和政府需要在社会治理理念、社会治理主体、社会治理职能、社会治理能力提升、社会治理模式以及对社会治理成效的评估等方面做出持续不断的努力。特色小镇正是这种努力的探索与实践。而在国家治理现代化的背景下,传统粗放式社会管理已经无法满足时代需求,必须加快向精细化社会治理转型。精细化治理具有刚性管理和柔性服务两方面的内涵。刚性管理是指通过规则的系统化和具体化,运用程序化、标准化和数据化的手段,使组织管理各单元精确、高效、协作和持续运行的管理方式;柔性服务是指不局限于以追求效率为目的流程再造、结构优化,还包含人文关怀以及对美好生活状态的倡导等柔性特征。刚性管理与柔性服务结合的精细化治理不仅能解决特色小镇建设的当前问题和潜在问题,而且对缔造小镇之魂具有天然的契合点,是建设特色小镇最佳的"技术工具"。具体包含如下几点。

(1) 树立社会治理理念。首先,要树立合作共治的理念,从我国社会治理现状来看,当前我国社会问题凸显,更需要政府、市场和社会等多元治理主体共同推进特色小镇的社会治理。其次,要树立"以人为本"的价值理念,将其作为特色小镇社会治理的重要原则,将特色小镇全体居民视为社会治理的主体,并通过维护特色小镇居民这一主体性地位来践行马克思"自由的自觉的活动"思想。再次,是重塑公平正义理念,公平正义是构建共建共享社会治理体系的基本价值取向,只有社会治理朝着公平正义的方向发展,才能真正确保社会多元治理主体的地位,才能保证人民参与社会治理的权利,才能提升社会治理水平。

(2) 把握权利本位的内核属性。根据浙江特色小镇的经验,特色小镇是为创业者提供低成本、便利化、全要素、开放式的创业服务,打造专业化、集成化、开放化、网络化、生活化、便捷化的众创空间。需要强调的是:众创的重点不在"创",而在"众",即多主体平等参与空间内的各项活动。同时,众创强调以用户即公众为导向的创新,易言之,众创的导向并非权力,而是权利。而相对于权力本位(行政本位或官本位)的权利本位,正是现代社会治理的本质与内核。

(3) 确立多元化的治理主体。约束限制政府权力,逐渐达到去行政中心化是特色小镇建设的题中之意,权力中心的消除使得特色小镇内其余主体的社会治理主人翁地位自然显露。除了必要的公共服务的供给、生态的构建与保护外,政府权力的隐退也为民主的发展留下了自由生长的广阔空间。权力与资源分布于小镇内的各个主体,相互之间的互动与交流成为新型社会治理即多元主权参与治理模式的自然催化剂①。

广泛的社会参与可以有效保证特色小镇发展与基层老百姓实际需求的一致性。特色小镇尤其是文旅类、休闲养生类小镇要更多地满足社会发展多层次的文化和消费的需求。特色小镇的建设不光要顾及城市中先富起来的人群对乡土生活的追求和对乡村别墅的向往,更应当牢牢记住的是要优先地尽可能地满足亿万老百姓对共享城镇化发展成果的迫切愿望。要防止特色小镇建设中可能出现的高端化、贵族化、奢侈化的不良倾向。与特色小镇合作的组织、企业和个人都应当更多地拓展社会参与、群众参与的渠道,实现社会组织应有的社会担当。

因此,在治理主体定位上,政府是特色小镇的培育主体,要摈弃"主导""掌舵"的惯性思维意识,善于下放权力,实行参与式管理,通过引导、参与、合作,弱化公共机构的行政权力,简化其内部结构上的等级制

---

① 李庆峰. 特色小镇:一种新型社会治理模型及其发展 [J]. 中国经贸导刊,2017 (2):76—78.

度；企业是特色小镇的建设主体，要依托自身敏锐的市场观察力、强大的资本能力、先进的项目运营能力以及较强的风险管控能力，实行企业自主决策、自我管理、自担风险。最后，小镇是各类高端人才、创业人才、当地居民的集聚地，是地域性社会生活的共同体，在政府权力弱化的情况下，小镇居民应发挥主人翁精神，积极参与到自治与自我服务中。

（4）完善社会治理结构。在治理结构上，应建立"特色小镇镇长"机制，形成"1＋2＋N"治理体系。对于特色小镇来说，产业、资金、土地等硬件要素固然重要，但人才、管理等软实力也不容小觑。特色小镇这一"麻雀虽小"，却是经济、政治、文化、社会、生态"五脏俱全"，是一个系统工程，规划、建设、管理、运营等每一个环节的决策都有可能影响特色小镇的可持续发展。当前，浙江很多特色小镇的建设管理主体都是管委会，虽然管委会强调提供"店小二"式的服务，但实质上还是"政府建设＋企业投资＋市场招商"的模式，特色小镇若要遵循其发展规律，真正回归多元治理，必须从治理结构上进行完善，成立特色小镇治理委员会，建立"特色小镇镇长"机制，形成"1＋2＋N"的治理体系。"1"即聘请小镇投资建设的企业领导出任"镇长"，这个镇长并非行政职务，而是特色小镇的产业领军人物，在行业内具有一定的影响力，能够引入人才、科技、信息等高端资源，推动小镇持续创新发展。镇长在特色小镇治理结构中起着核心层的作用。"2"即小镇治理委员会和小镇决策咨询顾问团。治理委员会由政府部门、相关企业、社区居民、社会组织等代表共同组成，负责参与讨论、沟通和决策小镇的各项公共事务，确保倾听多方声音、协同多元利益。决策咨询顾问团由国内外的专家学者、专业技术人才组成，是小镇的常设智囊团，为小镇的规划建设提供专业化的决策辅助和技术咨询。"N"即在小镇生活、工作的所有居民，应发挥群众主体作用，构建小镇发展共同体，提升居民的"获得感"和"幸福感"，最终形成联动融合、开放共治的小镇治理局面[①]。

---

[①] 引自网络公开资料，http：//cszl.urbanchina.org/demo25001/index.php/news/news－03/1835－20171115003。

## 7.4 运营阶段划分

特色小镇的形成不是一蹴而就的，它的诞生是一个错综复杂的过程，需要土地、产业、城镇、服务、法制等多个方面的配合与交织。为了方便分析小镇的运营过程，将特色小镇的开发分为土地一级开发或代开发期、产业项目开发期、产业项目培育期、产业链整合期、土地二级开发期5个发展阶段[①]。每一个阶段都对应着不同的资源形态，有着不同的运营要点及目标。

### 7.4.1 土地一级开发期

特色小镇中的土地一级开发并不仅仅是项目地的征地补偿、拆迁安置等基础设施和社会公共配套设施的建设，其主要目的也不仅仅是使"生地"成为"熟地"，而是要与产业发展、项目开发结合在一起，因为产业的价值决定了土地的价值。因此，土地一级开发必须结合产业项目开发，结合土地二级开发，只有这样才可能真正获取一级市场的利润。土地一级开发或代开发期的运营要点在于顶层设计和政策法制层面：顶层设计层面，做好城市规划和产业规划，确定小镇未来的发展方向；政策法制层面，出台土地、奖惩、税收等方面的政策条件以及监管机制，保证小镇的顺利推进。

### 7.4.2 产业项目开发期

"特色产业"的发展方向确定后，就要围绕这一产业，通过项目及载体的开发建设，形成产业的开发、培育及集聚，最终打造产业集群，实现产

---

① 引自网络公开资料，https://www.sohu.com/a/203662690_170123。

业价值。产业项目开发是其中的第一步，即紧抓产业链上的核心环节，在尊重市场及产业发展规律的基础上，集中人才、创业团队及资金等优势条件，集中攻破产业开发的各种难题，形成产业项目发展条件的聚集。因此，产业项目开发期的运营要点在于对接国内外优势的科研及教育资源，一方面通过科研成果的孵化促进技术向生产力的转化，另一方面通过专家学者的研究突破产业发展技术上的一些难题，同时还可以完成人才的培育及输送，形成产业可持续发展的后备力量。

### 7.4.3 产业培育阶段

当产业初步开发完成，形成一定的特色优势及产业价值后，就进入到了产业的培育阶段。这里所说的培育还是围绕产业的核心部分展开的，主要目的在于培育和扶持有效的产业项目和企业主体，形成规模化的经营效益。在这一时期，运营重点在于相关政策的大力扶持，包括信贷金融支持、税收优惠和财政补贴、科研补贴、进出口关税和非关税壁垒、土地价格优惠等。在这一阶段可以有的放矢，对一些重点品牌或企业进行大力支持，引导他们与产业链条上的其他小型主体建立互补、合作、共赢的关系，发挥龙头企业的引领带动作用。

### 7.4.4 产业链整合期

特色小镇围绕主导特色产业，利用整合手段，使特色产业、旅游产业及其他相关产业通过某种方式彼此衔接，构建一个有价值有效率的产业集群。其运营重点在于打通产业链上下游及各相关产业之间的壁垒，有效运用资源、技术、产品、市场、经营方式、组织管理、制度、人才等各种手段，实现产业之间的有效聚集，形成带动作用更强、效益更好的产业集群式发展。

### 7.4.5 土地二级开发期

随着产业链整合逐渐完成，特色小镇也进入了土地二级开发期，即产城融合共建期，这是新形势下特色小镇发展的必经阶段。产业大发展，吸引大量就业人群集聚,进而产生了对居住、教育、医疗及第三产业服务业的大量需求。基于"产城人"一体化的发展目标,就需要通过土地的二级开发,实现综合服务配套的升级,包括居住配套、商业配套、教育配套、医疗配套、休闲娱乐配套、社区服务配套等。这一时期的运营重点在于综合考虑城市发展、旅游发展、产业发展、政策的扶持和制约等因素,实现产城一体化开发,防止以城镇运营之名,行地产开发之实。

## 7.5 运营管理组织

### 7.5.1 运营管理组织的基本要求

(1) 构建主体多元的运营团队。良好治理的过程就是还政于民的过程,也是政府趋向"善治"与"良治"的过程。这一过程的核心要求是将一元主体转换成多元主体,削减政府所拥有的无限的政治经济权力,降低政府在社会治理中的姿态,主动培育社会组织的治理参与能力。特色小镇在行政强权隐退的情况下,各类社会治理力量的滋生是自然而然的事情[①]。未来特色小镇的运营团队应该是由企业、政府、小镇居民以及其他社会力量共同组成的多元化主体,共同打造宜居宜业的小镇环境,实现生产、生活、生态的有机融合。如杭州余杭的梦想小镇,以阿里系、浙大系和浙商系等为代表的新生代是多元化社会治理主体的核心与骨干,民间治理力量已经聚焦并活跃于此。

(2) 营造积极的小镇环境。积极的环境为小镇的全面发展提供一个平台,为管理者、入驻企业以及小镇居民的相互合作提供了一个舞台。对于

---

① 李庆峰. 特色小镇:一种新型社会治理模型及其发展 [J]. 中国经贸导刊, 2017 (2): 76-78.

企业和居民来说，积极的环境有利于公共氛围的形成，在这种公共氛围里合作和共同解决问题最重要，所有行动计划都聚焦在利于城镇发展的一面。

当小镇在积极的环境氛围中发展，都能够长远考虑未来的发展时，各个部门和个人之见就会具有很强的凝聚力。具有团队精神，每个部门都发挥它的作用，所有的部门都有共同的关于小镇健康发展的远见，这样的小镇才能取得真正的成功。对于一个试图实现经济增长和复兴的小镇来说，需要团队精神，承担义务，需要信任和具有远大的理想。小镇的每一个成员都要有可以接受的而且是必不可少的目标。每一个成员都能够给小镇带来力量，在小镇的健康发展中发挥自己的作用。然而，这些目标必须联合起来才能成为一个充满活力的、有价值的城镇的组成部分。1980年St. Helens火山爆发，华盛顿Moses湖的人们清晨起来发现整个城镇被6英尺厚的火山灰覆盖了。市民们迅速集合起来用铲子把它们清理出去。同样的，1993年密西西比河洪水泛滥也证实了像明尼苏达、威斯康星等许多城镇的团队合作精神，市民们沿着河流保护防洪大堤和用沙袋保护它们的家园[①]。

## 专栏一： 美国内布拉斯加州的布法罗县
### ——团队精神扭转负面影响[②]

内布拉斯加州的布法罗县的市民们在20世纪90年代早期就开始倡议关注家庭暴力、未成年人怀孕、自杀和老年人的健康保健问题。来自于卡尼和该县其他城镇的41000个人开始讨论如何扭转这些负面影响。他们组成了布法罗县健康合作伙伴作为扭转趋势的发起人。

---

①② 杰克·舒尔茨. 美国的兴旺之城：小城镇成功的8个秘诀 [M]. 中国建筑工业出版社，2008.

合作者们在1994年对整个县进行了评估，挑选出了15个需要优先解决的事情。在7年时间里，志愿者们团结起来完成了一多半的任务，包括建立Alzheimer健康中心；增加了老年人福利中心生活面积；减少了家庭暴力、未成年人怀孕和自杀的发生率。完成第一个扭转负面影响阶段的目标只花费了来自各界捐赠的290713美元。

团队共同起草了一份2006年的行动计划，新的任务包括减少儿童的铅摄入标准、改善人民的健康医疗条件、增加住房面积等。

（3）长远考虑小镇的发展。积极的环境可以使小镇管理者在制定小镇发展的远大目标上发挥作用，并且努力实现制定好的目标，强化积极公开的工作环境。当小镇管理者与企业彼此不合作时，小镇不会成功。小镇管理者和企业之间关系有些紧张、有些冲突，彼此相互制衡是很正常的、也是无害的，但是对于一个向前发展的小镇来说，运营管理者都必须具备一定的远见，需要从长远考虑小镇及企业的发展。

### 专栏二：美国爱达荷州的科达伦镇鲍勃·波特凭其远见助推了小镇的发展[①]

1987年，爱达荷州的科达伦组建了工作和经济发展委员会，鲍勃·波特是美国电话电报公司原来的销售部副经理，退休后管理这个委员会，并取得了巨大的成功。基于他的远见，他吸引了74家公司到这个地区投资，提供了3780个工作岗位和8500万美元的个人收入，帮助募集了3.4亿美元的资本投资。

---

① 杰克·舒尔茨. 美国的兴旺之城：小城镇成功的8个秘诀[M]. 中国建筑工业出版社，2008.

(4)以为小镇谋福利为发展宗旨。对于小镇管理者来说,必须要牢记城镇的福利是首要的,为城镇服务是管理者的工作宗旨,不能一味追求经济效益而损害居民福利。当小镇管理部门和小镇企业之间意见不一致的时候,这可能成为一个很难处理的问题。然而,在这种情况下,小镇管理者如果不清楚小镇居民的目标和需求,就不能很好地服务于小镇,因此,如何有效地和企业、个人进行沟通交流是优先要解决的问题。

(5)重视小镇居民关注的事情。最好的小镇管理者必然受到小镇居民的信任和爱戴。他们从各个方面把居民团结起来,鼓励居民对目前的状况和未来的发展发表意见。一个小镇管理机构能够把他的知识、热情和信任很好地融合起来,使人们相信没有种族、年龄、性别和社会经济地位的限制。同样,一个小镇管理者没有热情和信任,仅有知识和经验也是没有意义的。

不健康城镇的一个迹象是没有反映不同意见的机会或者管理者听不进去不同意见,因为管理者只是按照自己的意愿去做事,从来都不关注居民,从而会导致这个城镇发展受阻,到处都是居民反对的声音,居民普遍缺乏士气。

### 7.5.2 运营管理组织的基本架构

为提高运营效率,运营商应该建立扁平化的运营管理制度。建议成立招商部门、经营部门、品牌宣传部门、物业管理部门、食品安全部门、综合管理部门、财务部门、培训部门以及小镇管理部门等平行机构,构建扁平管理体系,提高管理效率,更好地服务于小镇的运营与发展。

招商部门。组织具有丰富经验的招商团队,根据所规划的产业方向,负责有针对性地开展招商活动,同时负责对外交流与合作。

经营部门。组织有产业运营经验的团队立足小镇的产业发展方向,做好运营策划,建立具有可操作性的公共服务平台,为小镇的企业提供全方面的产业服务。

品宣部门。负责小镇品牌宣传，选择多渠道、不定期、多模式的活动形式，增加小镇品牌的知名度以及影响力。

物业管理部门。负责小镇内部的企业和居民的基础性的物业保障。

食品安全部门。负责小镇内部餐饮、食品的安全保障工作。

综合管理部门。负责运营机构行政、人事等各方面工作。

财务部门。负责对财务工作有关的外部及政府部门，如税务局、财政局、银行、会计事务所等的联络、沟通工作；负责资金管理、调度。编制月、季、年度财务情况说明分析，向机构领导报告经营情况。

培训部门。负责对运营机构人员的职责、技能等专业化的培训。

小镇管理部门。这是区别于其他园区、产业园等经济载体最重要的部门之一，以运营商为主体，同时邀请当地居民以及其他社会力量参与管理，开拓性地构建一种新型社会治理模式，主要负责整个小镇的社会管理，包括生态建设、宜居环境的打造、人文环境建设、居民福利管理等。

## 专栏三： 乌镇运营宝典

乌镇从一个破破烂烂、毫无知名度的小镇，变成一个世界级小镇，从观光小镇到度假小镇到文化小镇，一直都围绕着一个基点：体验。具体来说，成功因素有如下几个方面。

一是通过差异性形成竞争壁垒。乌镇开发保护一期工程——东栅景区（观光小镇）：放大资源的差异性，构建观光类产品的观感体验感受，形成景区生来居上的独特优势。乌镇开发保护二期——西栅景区（度假小镇）：用产品的差异性创造和放大度假客人的浸入式体验感受，构建景区异于同类产品的优势。

二是景区内的住宿一律不合作，统统自己经营。其中，民宿经营模式分为两类：第一类是餐饮，所有老板只要进来，经过考核后，所有收益 100% 归他，但要服从统一管理。第二类是住宿，景区与老板分成，景区负责成本及其他费用。这种模式有两点好处：保证在住宿率很低的情况下不浪费酒店的人力成本；最主要的是在体验过程中，让游客面对面地感受最原汁原味的服务。另外，对民宿的管理有整套管理措施，细之又细，连不同功用的抹布都要分类，所有的地方都干干净净。景区通过设置积分卡，清除不服从管理的经营者，所以乌镇的民宿就不会出现强买强卖这样的事。酒店也是自己设计，传统的酒店行业是计划经济的商务酒店思路，并没转到以体验为中心的度假思维。一般的酒店走廊是 1.8 米，但乌镇所有的酒店走廊都做到 3 米宽，让人感到宽敞舒适。所有的酒店房间都很大，甚至连卫生间都很大。乌镇西栅很多酒店，大约 2000 多间客房，没有一家参加评星，最大的星是游客评出来的。乌镇酒店入住率是同类房价中最高的，效益也是最好的。这就是体验。

　　三是打造浸入式景点。现在大家都在谈全域旅游，其中，有一个很明显的特点就是无景点化。也就是，一个景区看上去不像一个景区，而是一个地域特色很强的设计。所以，乌镇所做的景点，没有明显的景点。乌镇将近 1000 万名的游客，有 80% 是散客，80% 里面超过一半是第二次来。他们都是因为在这里得到了很好的体验而再次过来的。乌镇有一个婚俗馆，收入了一些老的结婚登记证书，并做了一些老结婚登记场景的重现。不仅如此，这里可以给游客拍结婚照，发假的结婚证书。这就提高了游客的参与度。这种旅游叫浸入式旅游。

　　四是生态优势。乌镇一直坚持的理念就是让人融入建筑与山水之中。这才是自然的，也是乌镇与别的地方的差异之一。

　　五是系统餐饮体系的建立。在西栅，景区内的食物比景区外便宜。这里的餐饮体系从配送开始，集中采购——用的酱油、酒、味精，都是品牌的。会有专人来查，如果谁用了黑心油立马重罚退出。乌镇餐饮的产品都是挑最好的，但却要求大家把平均毛利率降下去。乌镇景区餐饮从来不赚钱，或者说微利。

六是乌镇戏剧节的打造。戏剧是什么，跟我们旅游一样，都是生活。在今天古镇旅游的热潮下，有戏剧节的古镇只有乌镇。戏剧节让乌镇的气质变得不一样。每年乌镇戏剧节、上海艺术界都是政府组团来看；很多老外不是因为知道乌镇旅游才了解乌镇，而是因为乌镇戏剧节才了解的。这种效益是文化的效益。

七是木心美术馆。这个美术馆花了八千多万元，建了三年。请法国卢浮宫内装设计师设计。事实上，现在这种大剧院、美术馆，对旅游的投入不是什么直接效益。美术馆一年至少要贴一千多万元。该馆成为乌镇的新地标，可能不能直接带来效益，却为后十年乌镇的发展做了铺垫。乌镇旅游的未来是什么？文化。这些都是种子。

八是重视夜游。很多古镇晚上没有统一的管理。而乌镇不一样，越到晚上，越加大管理和营造景区氛围的力度。乌镇做光效应，请了三波人来鉴定：摄影师、IP游客、过夜游客，认为不漂亮的再修改。所有景区都是单色。晚上提供充分的休闲空间，有吃有住，有娱乐空间。

商业也可以成为风景。乌镇不要没有个性的恶俗商业。所有的商业划分为两类，赚钱的和不赚钱的。不赚钱的就是营造氛围的，如卖鸡毛掸、鹅毛扇的。

西栅景区不是租金模式，一个景区不能卖两种相同的商品。你要卖什么东西，以什么方式卖，先写出来，景区来评估。觉得你赚钱的适当收租金；不赚钱的少收租金，甚至不收租金也可以。

九是重视保洁。乌镇的房间为什么比一般的贵，没有评五星还卖得这么贵。因为可以让游客觉得舒服，走在街上很安全，穿一双拖鞋走一圈也不害怕灰尘。

十是志愿者之家。乌镇是一个有人情味的地方，会提供你很多免费的服务，如免费充电，免费借雨伞。

十一是价格管理。乌镇民宿的一个土鸡汤，这个土鸡至少多少分量都有规定。如果土鸡变成了半只鸟一样大小，你可以投诉。所有的商品价格都要报备。报备要有分量要求。如番茄炒蛋，不低于四个鸡蛋，这是硬性规定。

细节：用贯彻始终的"细节"把控，以"制度管人、流程管事"为手段，建立持续的质量改进的迭代机制。"制度管人，流程管事"就是所有的行为必须要用制度和流程加以规范。出了问题，首先问，有没有制度。没有制度，可以原谅；有制度，你不支持罪加一等。

这听上去挺死板，但是你要服务得标准化、流程化，只有这么做。

十二是宾客反馈制度。管理者每周看宾客反馈，明白手下是怎样面对游客的。中国好多游客对旅游的理解超过了从业者。因为什么呢？见多识广，去的地方多了，有一些还会给你提建议，告诉你该怎么做。

每周审核一批发票，了解这个企业过去一周的成本发生在什么地方。

每周批工作笔记。所有主管以上的人员要写三个问题：过去一周干了什么？认为过去一周整个公司存在什么问题？思考了什么问题？一个企业最好的创业还是要落地以后，精耕细作。

十三是质检制度。成立第三方质监制度。

十四将最大的善意释放给游客。最好的服务是什么呢？是善。到乌镇工作的有下岗工人，有年纪大的，有偏远农村来的，你不能要求他们每一个都做到恰到好处，但是你能要求他每一个动作、每一句言语都出自善良之心。善良是人类的共同语言，是服务里面最基本的要素。

十五是营销。用艺术的力量联动普通生活的内心；建立有感染力的营销体验。

乌镇的营销有一个特点，不讲自己是第一，但特别讲自己是唯一。

差异性和唯一性相比较，唯一性要求更高。

十六是推出乌村产品。普遍的中国农家乐离生活水准的要求还相差一段时间，做得千篇一律，不重视游客感受。如果西栅是卖住宿，那乌村是卖什么？卖天数。在这里，你可以做一个乡村的自由者。

乌村是由"亲子关系"驱动的。现在的旅游核心都是孩子。围绕一个孩子，家里的其他大人都会去。乌镇把附近的农村生活状态拆出来，变成可参与的商业业态。如烧野火饭、烧烤还有做烘焙蛋糕。

他们把政府拆迁后没有土地指标的闲置房子变成了客房。但理念从卖房间改为卖天数。你买了这里一天，吃、活动、住宿都在这个价值里。

十七是实施一卡通，居民身份制度。一卡通，你买这个卡，可以定点打折。

居民证制度就是成为所谓的乌镇人。他们给好多重要到访者的最高奖励就是一个居民身份证，拿着这个证来乌镇不需要买门票。

十八是在运营中放大体验。在运营中放大体验，在体验服务中增进独特性，"每个景区就是一个舞台"，只有精致的、人性的、深度参与性的体验才会给游客带来深刻印象。

# 8 特色小镇保障体系

## 8.1 规划保障

规划先行。特色小镇建设一定要规划先行，充分论证，避免因盲目追求速度导致资源的浪费。另外，特色小镇规划要与区域"十三五"规划、土地利用总体规划、城乡规划等衔接，统筹考虑人口分布、生产力布局、国土空间利用和生态环境保护。

规划分期。特色小镇根据不同阶段的不同需求，按照特色小镇概念性规划、产业规划、控制性规划、建筑设计等不同规划内容，有选择性地分期进行。

规划落实。特色小镇在建设过程中，严格按照规划内容进行落实，如果在发展过程中遇到规划跟不上时代发展，可以进行有针对性的调整，规划调整完毕后，确保规划顺利落实。

## 8.2 政策保障

积极争取国家、省市各级政府对于特色小镇的奖励和鼓励政策；争取特色小镇相关产业的产业专项资金或者产业基金；争取其他与特色小镇建设相关的政策。另外，为促进特色小镇的建设与发展，运营机构可以自行制定一系列积极性的政策或者措施。

> **专栏： 美国伊利诺伊州的贝尔维迪尔镇**
> ——有魄力的政策激励方式[①]
>
> 典型的城镇都是通过提供金融支持来吸引新的企业，例如，在几年时间里减免不动产税，在建新工厂时降低营业税，根据创造的就业机会的多少降低贷款税率。而贝尔维迪尔给予他的企业特别的优惠方法。如果原来的公司（原来招募进来的公司）在5年时间内能吸引供应商，那么就会享受到长达8年的按比例减少的不动产税。因为这种独特的激励做法，好几家公司都重点考虑贝尔维迪尔镇。

## 8.3 人才保障

树立人才是第一资源的理念，制定落实具有较强吸引力的人才引进政策，吸引、支持行业学者、产业领军人才、科技人员创业者及留学归国人员，积极投入特色小镇的创建，运用现代新技术，开发新产品，加快特色产业转型发展、领先发展。

### 8.3.1 围绕特色产业引人才

根据特色小镇的特色产业内容及方向，有针对性地联合国内及地方上

---

① 杰克·舒尔茨. 美国的兴旺之城：小城镇成功的8个秘诀[M]. 中国建筑工业出版社，2008.

的知名高等院校开展人才招聘专场活动，邀请院校的老师和学生进行实地调研、考察和实习，从而吸引相关人才到小镇工作。同时，为加大人才的合作机制，特色小镇可以与一些关联性机构开展智力合作，以借智借力的发展模式，让顶尖人才在打造特色小镇的项目设计和运营等方面发挥积极的作用。

### 8.3.2　围绕特色资源用人才

充分发挥特色小镇投资商或者运营商自身的背景资源优势，以人才带项目、项目带人才，招商引资与招才引智深度融合，为特色小镇建设"助跑"。

### 8.3.3　围绕特色服务留人才

环境好则人才聚、事业兴，环境不好则人才散、事业衰。特色小镇必须重视个性化服务，安排相关负责人一对一、一对二进行对接，落实好人才工作联动机制，为各类人才解决实际困难。对符合条件的人才免费提供人才公寓或发放住房补贴，让人才得到实实在在的礼遇。同时，定期开展联谊活动，丰富人才的业余生活，着力为人才打造全程"保姆式"服务，做好服务的"店小二"，确保人才来得开心、干得安心、留得舒心。

## 8.4 资金保障

### 8.4.1　发债

根据现行债券规则，满足发行条件的项目公司可以在银行间交易市场发行永(可)续票据、中期票据、短期融资债券等债券融资,可以在交易商协会注册后发行项目收益票据,也可以经国家发展和改革委员会核准发行企业债和项目收益债,还可以在证券交易所公开或非公开发行公司债。

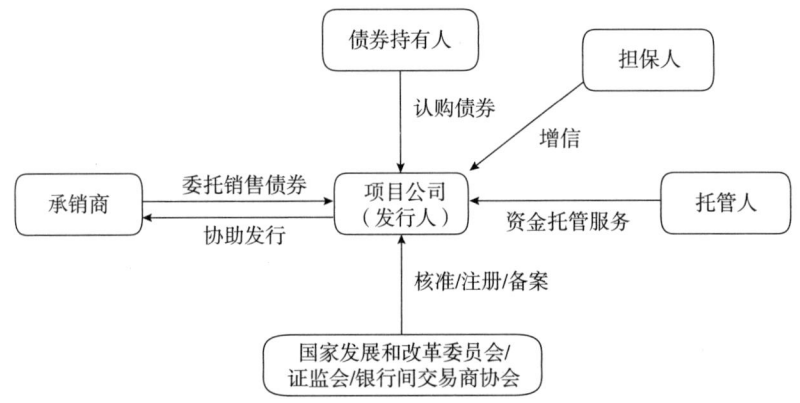

图 8—1 债券产品结构设计

资料来源:根据公开资料自行整理。

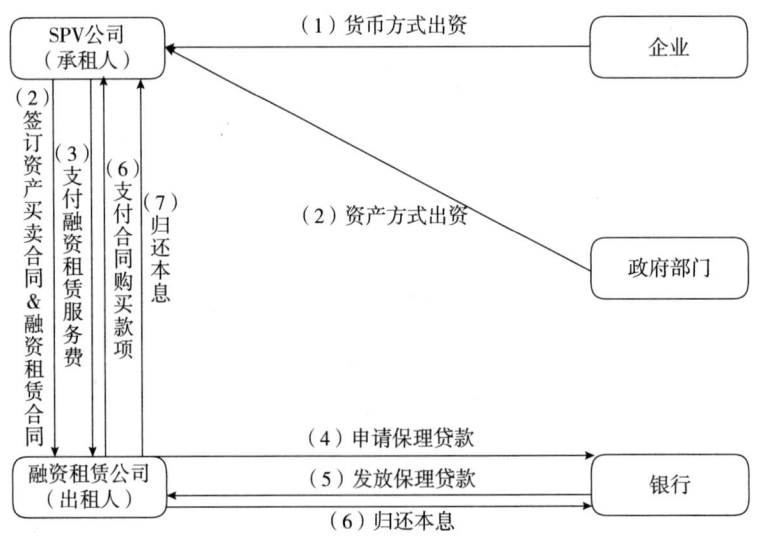

图 8—2 融资租赁结构设计

资料来源:根据公开资料自行整理。

## 8.4.2 融资租赁

融资租赁（Financial Leasing）又称设备租赁、现代租赁，是指实质上转移与资产所有权有关的全部或绝大部分风险和报酬的租赁。融资租赁集金融、贸易、服务于一体，具有独特的金融功能，是国际上仅次于银行信贷的第二大融资方式。

## 8.4.3 基金

表 8-1  基金分类及特点

| 分类 | 特点 |
| --- | --- |
| 产业投资基金 | （一）产业投资基金具有产业政策导向性；<br>（二）产业投资基金更多的是政府财政、金融资本和实业资本参与；<br>（三）存在资金规模差异。 |
| 政府引导基金 | （一）非营利性。政策性基金，"在承担有限损失的前提下"让利于民；<br>（二）引导性。充分发挥引导基金放大和导向作用，引导实体投资；<br>（三）市场化运作。有偿运营，非补贴、贴息等无偿方式，充分发挥管理团队独立决策作用；<br>（四）一般不直接投资项目企业，作为母基金主要投资于子基金。 |
| 城市发展基金 | （一）牵头方为地方政府，通常由财政部门负责，并由当地最大的地方政府融资平台公司负责具体执行和提供增信；<br>（二）投资方向为地方基础设施建设项目，通常为公益性项目。例如，市政建设、公共道路、公共卫生、保障性安居工程等；<br>（三）还款来源主要为财政性资金；<br>（四）投资方式主要为固定收益，通常由地方政府融资平台提供回购，同时可能考虑增加其他增信。 |

续表

| 分类 | 特 点 |
| --- | --- |
| PPP基金 | （一）为政府方配资；<br>（二）为其他社会资本配资；<br>（三）单独作为社会资本方；<br>（四）为项目公司提供债权融资等。 |

资料来源：根据公开资料自行整理。

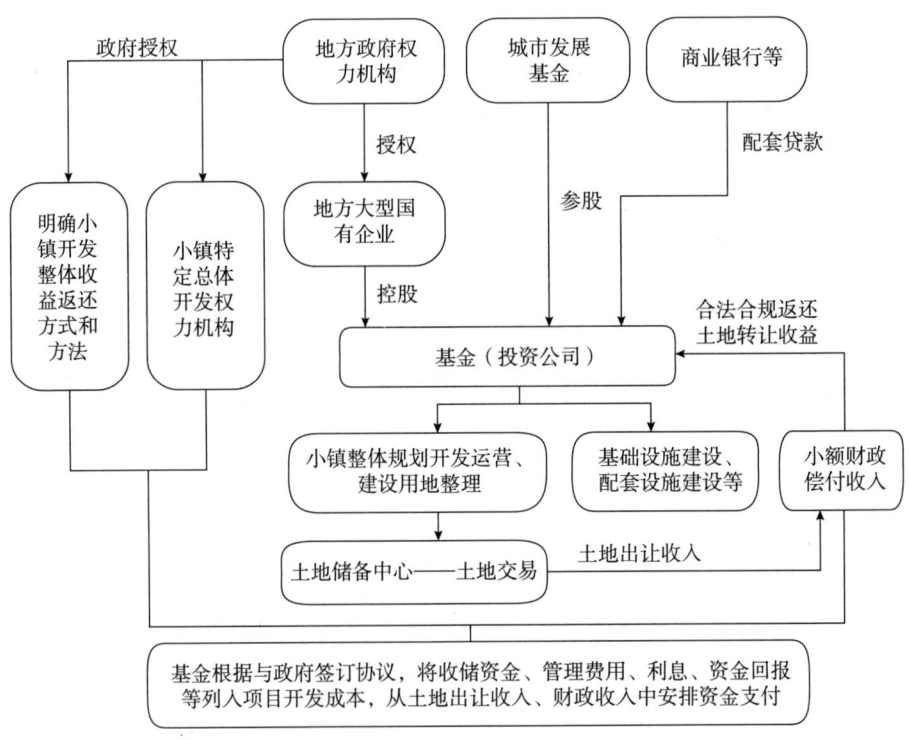

图8-3 城市发展基金运营结构

资料来源：根据公开资料自行整理。

### 8.4.4 资产证券化

资产证券化是指以特定基础资产或资产组合所产生的现金流为偿付支持,通过结构化方式进行信用增级,在此基础上发行资产支持证券(ABS)的业务活动。

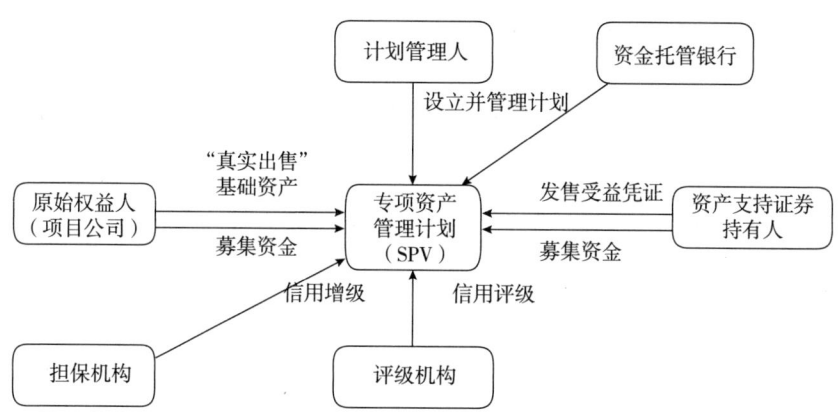

图8-4 资产证券化结构设计

资料来源:根据公开资料自行整理。

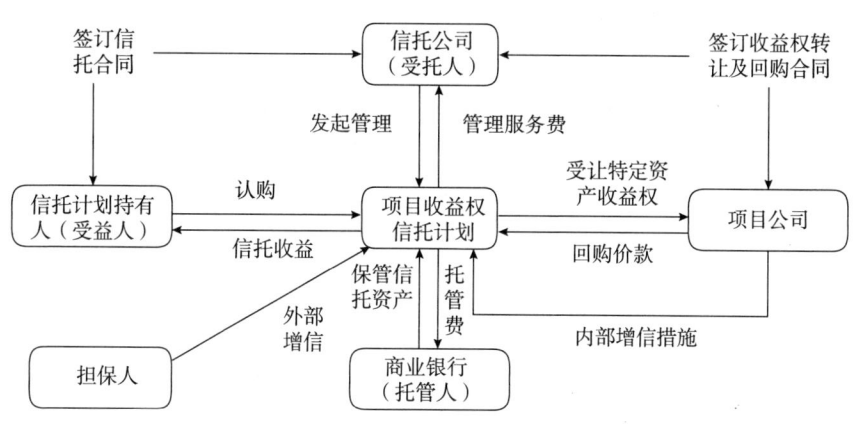

图8-5 收益信托结构设计

资料来源:根据公开资料自行整理。

### 8.4.5 收益信托

收益信托类似于股票的融资模式,由信托公司接受委托人的委托,向社会发行信托计划,募集信托资金,统一投资于特定的项目,以项目的运营收益、政府补贴、收费等形成委托人收益。

### 8.4.6 PPP 融资模式

PPP 模式从缓解地方政府债务角度出发,具有强融资属性。

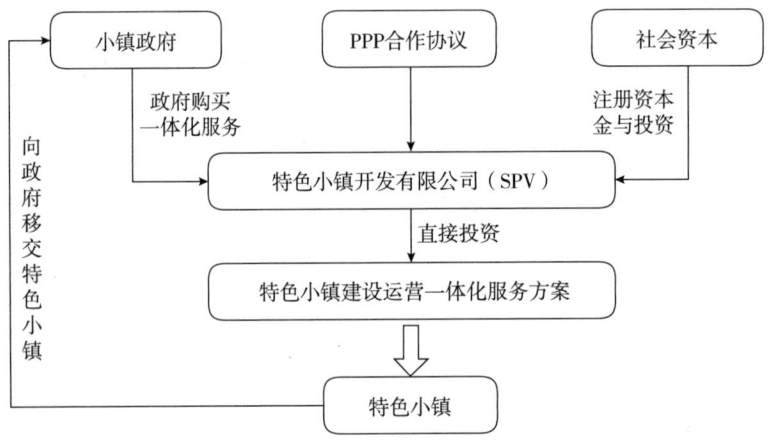

图 8—6 特色小镇开发的 PPP 模式

资料来源:绿维文旅。

# 9 特色小镇案例研究

## 9.1
## 国外案例

### 9.1.1 法国依云小镇——因水而生

#### 9.1.1.1 基本情况

依云,翻译自拉丁语evian,是水的意思。依云镇位于法国Haute－Savoie地区,坐落在日内瓦南岸,它背靠阿尔卑斯山,面临莱蒙湖,湖对面是瑞士的洛桑,距离瑞士日内瓦机场大约1个多小时的车程。依云镇因其具有多功能疗效的依云矿泉水而得名。小镇只有7000多位居民,其中至少10%的居民与水发生着直接的关系。政府的财政收入有70%来自于与水相关联的产业,而目前由矿泉水延伸出来的产业带来的收入已经超过矿泉水本身带来的收入。

#### 9.1.1.2 特色资源

(1) 矿泉水。阿尔卑斯山是依云矿泉水的源泉,高山融雪和山地雨水经过15年的天然过滤和冰川砂层的矿化,形成了珍贵的依云矿泉水。这种珍贵的水具有养生、治病的显著疗效,为后续的养生旅游产业提供了很好的基础。

(2) 温泉。依云温泉是世界上唯一的天然等渗温泉。泉水含钙、镁、锌、锡等,对皮肤、泌尿消化、神经系统以及心脏血管等方面的疾病有较好的疗效。

(3) 鲜花。依云小镇是被鲜花环绕的小镇,被誉为"最多鲜花的城市"。

(4) 建筑。依云小镇的建筑大部分是19世纪法式风格建筑。

### 9.1.1.3 产业发展

依云小镇依托具有特色的水资源开发了矿泉水产业，这是小镇的第一大产业，后来经过特色资源的深入挖掘，又引申出了养生、旅游、度假、体育、会议等产业，客群从本地扩展到全球，实现了分期、有次序的发展路径。

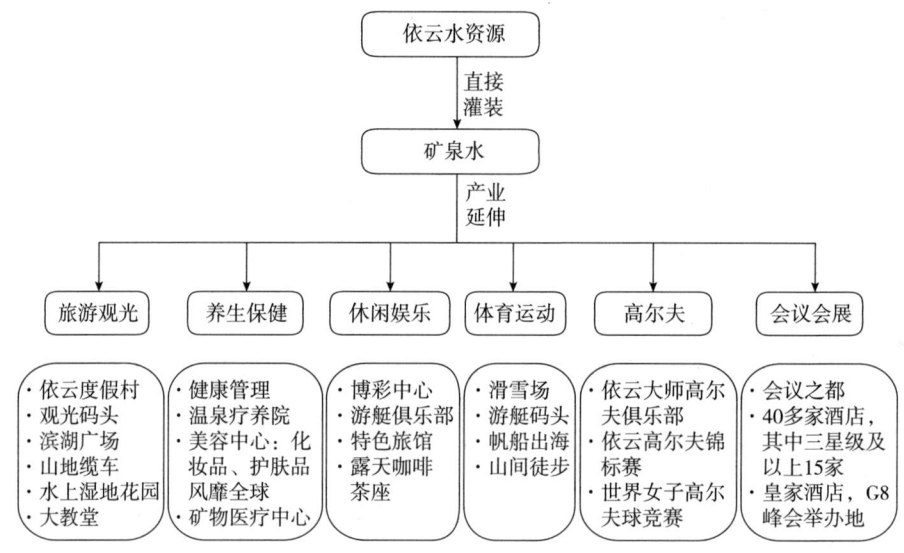

**图 9－1 依云小镇产业体系**

| 阶段 | 内容 |
|---|---|
| 起步期<br>因水而生、名流聚集 | 1789年，法国雷瑟侯爵偶遇依云矿泉水治愈了肾结石，依云水从此变成了健康之水；<br>1807年，开始灌装矿泉水，大量销售；<br>1864年，拿破仑三世赐名依云镇，成为名流云集的地方；<br>1878年，依云水的理疗效果得到了法国医药研究会的认可，大量人群涌入，欲体验依云水的神奇 |
| 发展期<br>产业延伸、旅游胜地 | 1902年，成立专门的依云水疗中心，并于1984年改建为SPA馆，即依云水平衡中心；<br>1904年，建设高尔夫球场并逐渐向锦标赛升级；<br>1870~1913年，集中建设度假设施和相关配套 |
| 升级期<br>高端发展、会议之都 | 1994年，举办第一届依云大师赛；<br>2003年，西方八国峰会，成为法国著名会议之都，每年来自世界五百强、政府机构和国际组织的人士在此举办会议论坛；<br>20世纪80年代以后，依云系列化妆品、护肤品风靡全球 |

**图 9－2 依云小镇产业发展路径**

#### 9.1.1.4 功能布局

滨湖旅游休闲区包括游艇码头、湖滨休闲广场、博彩中心和滨湖休闲道;小镇中心包含火车站、体育场、教堂、学校、旅馆、工业区和居住社区;度假服务区包含依云水平衡中心、依云水厂、影剧院、酒店、餐馆、酒吧、广场、旅客服务中心、度假物业和高尔夫球场。

#### 9.1.1.5 成功原因

一是具有特色明显的水资源;二是产业的分期、有序发展,有效地完成了产业链延伸和深度发展;三是政府的支持,一方面,用依云命名小镇,加大了小镇的推广度和品牌度,另一方面,为了保护水源,政府通过立法强制灌装天然矿泉水,方圆500公里范围内禁止污染。

### 9.1.2 美国格林尼治——对冲基金小镇

#### 9.1.2.1 基本情况

美国小镇格林威治坐落在美国康涅狄格州南部,是世界最著名的"对冲基金之都"。这个面积仅174平方公里的弹丸之地,却是500多家对冲基金总部的所在地,目前管理的资产总额超过3000亿美元,其资金管理规模在全球仅次于纽约和伦敦两个城市的对冲基金规模,排名第三位。在全球350多家管理着10亿美元以上资产的对冲基金公司中,有一半的总部都设在这里。格林威治不仅是康涅狄格州最富有的小镇,同时也是美国最富有的小镇之一。格林威治现有人口约7.2万余人,年收入超过1000万美元的大佬比比皆是。

#### 9.1.2.2 形成原因

格林尼治对冲基金小镇主要以自然集聚为主,当然政府在其中也起到一定的作用,当时康州政府为基金产业提供了比纽约低廉的房地产税和所得税的优惠政策,这在一定程度上也促进了基金产业的集聚。

#### 9.1.2.3 发展历程

(1) 起步阶段:20世纪60～90年代。20世纪60年代,全球著名的投资家巴顿比格斯在格林尼治创立了第一家对冲基金(Fairfield Partners)。

(2) 发展阶段：20 世纪 90 年代～2008 年。20 世纪 90 年代以后，随着交易技术的不断成熟，让对冲基金与纽约大公司在技术上实现了分离的可能性，这一阶段随着不少居住在格林尼治的纽约华尔街银行家辞职回家乡——格林尼治创立基金公司，逐渐形成了基金产业的集聚。

(3) 调整阶段：2008～2010 年。2008 年，金融危机席卷全球，对冲基金行业陷入巨大的低迷期，很多对冲基金公司陷入倒闭潮。

(4) 复苏发展阶段：2010 年至今。随着全球量化宽松政策的实施，全球经济不断复苏，对冲基金行业也不断地复苏发展。

#### 9.1.2.4　成功的要素

(1) 区位条件优势。距离曼哈顿仅 40 多分钟的车程，很多居住在曼哈顿的人才早上坐火车从市内赶往格林尼治上班，晚上返回曼哈顿。

(2) 环境优美。格林威治以水道、蜿蜒的乡村路、森林、草地和峡谷著称，当初在格林尼治创立基金公司的决策者，主要考虑远离城市的喧嚣和拥挤，而格林尼治恰恰提供了这样一个舒适优美的环境。

(3) 快捷的网络基础设施条件。格林威治位于东海岸，距离海底光纤较近，网络速度快（别看提速了几毫秒，但对于对冲基金行业来说非常重要）。

(4) 完备的生活配套设施。小镇内配套高档的精品店，满足高端人群的生活配套需求；基金交易员日常工作压力非常大，小镇配套高尔夫、健身、心理咨询等，为其缓解工作压力。另外，格林尼治的教育资源也非常丰富，完备的安保体系也是基金小镇不可缺少的条件之一。

### 9.1.3　英国温莎小镇——王室小镇

#### 9.1.3.1　基本情况

温莎小镇是英国最著名的王室小镇，位于伦敦近郊，距离伦敦 1 小时的车程，因温莎古堡闻名，并依托古堡文化和王室文化发展旅游业，年游客量列英国城市之最。

#### 9.1.3.2 特色资源

温莎小镇位于伯克郡的泰晤士河畔，因温莎城堡闻名于世。1070年，当时的君王威廉一世为了防止英国人民的反抗而在伦敦郊区选址建造温莎城堡。后来它的军事用途逐渐被削弱，取而代之的是成为展示国家威严并作为王室的活动场所。在经过历代君王的扩建与改造之后，19世纪初期的温莎古堡已经成为拥有近千个房间的奢华王堡。温莎城堡因附庸城身份的逐渐繁盛，被称为"王城"。小镇景致优美，韵味深厚。镇上的人惬意闲适，传统英式建筑随处可见。著名的伊顿公学生根于此。该校是亨利六世于1440年创办的，以"精英摇篮""绅士文化"闻名于世。这个学校还是英国王室、世界精英的培训地之一。这里曾造就了20位英国首相，培养出诗人雪莱、经济学家凯恩斯，也是威廉王子和哈里王子的母校。

#### 9.1.3.3 产业发展

温莎小镇依托著名的城堡及王室文化发展文化旅游业，成为英国游客量最多的地方之一。

温莎小镇的泰晤士河流两岸是休闲空间，可以开展划船、皮划艇等体育活动。

在温莎小镇上，有一条商业气息浓郁的购物街，是由一座古老的火车站改造而成，一辆原先由英国皇家专用的老式火车头依然陈列着，车头上还镶着皇家徽章。苍老的站台、古旧的时钟、斑驳的栅栏让人感受到当年车水马龙的繁忙情景。如今已开设各色餐饮小店和商铺，主要销售五花八门的英国特色小商品，吸引了来自世界各地的游客。

### 9.1.4 美国纳帕谷——"农业+文旅"小镇

#### 9.1.4.1 基本情况

纳帕谷位于美国加州旧金山以北80公里的地方，是美国第一个跻身世界级别的葡萄酒产地。它由8个小镇组成，是一块35英里长、5英里宽的狭长区域，风景优美，气候宜人。从19世纪中期开始，以传统葡萄种植业

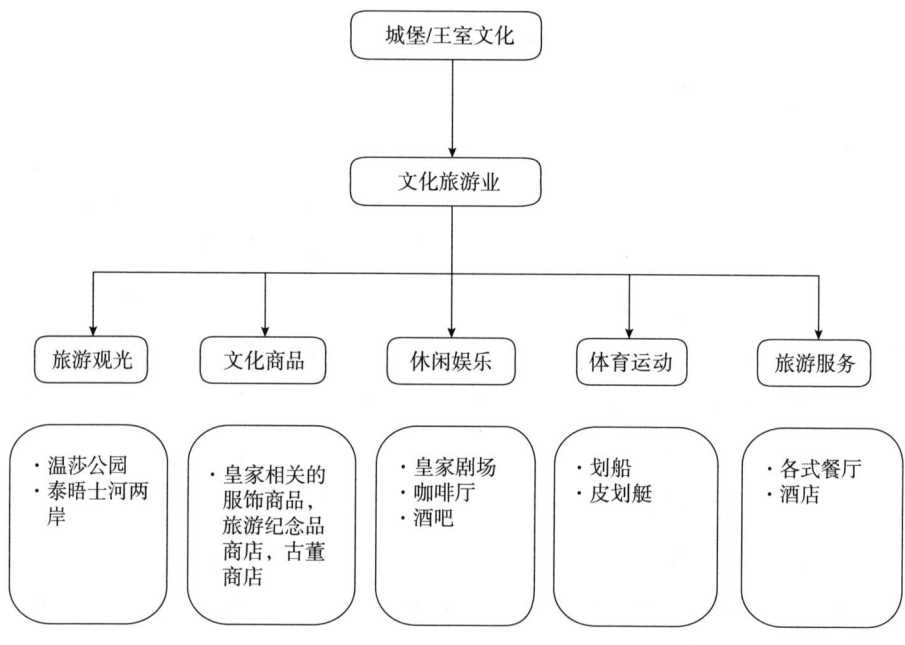

图 9－3　英国温莎小镇文化旅游业体系

和酿酒业为发展基础，如今已成为一个以葡萄酒文化、庄园文化闻名，包含品酒、餐饮、养生、运动、婚礼、会议、购物及各类娱乐设施的综合性乡村休闲文旅小镇集群，每年接待世界各地的游客达 500 万人次，旅游经济收益超过 6 亿美元，为当地直接创造 2 万多个工作机会。

9.1.4.2　发展历程

第一阶段：粗放生产。从 1838 年开垦出第一个葡萄种植园起，纳帕谷的葡萄酒产业至今已有接近 180 年的历史。纳帕谷位于丘陵地带，拥有温润的地中海气候和多样化的土壤，19 世纪中期～20 世纪初，当地商人和居民充分依托这些自然优势，开垦葡萄种植园，开办酿酒厂，农业种植和酿酒加工成为这一时期纳帕谷的主导产业，形成了一定的规模，但是产业类型较为单一、发展相对粗放无序，各小镇各自为政，发展同质化。可以看出，纳帕谷各镇的发展基础和我国大部分发展单一农业的小镇是比较类似的——优越的自然条件，自发的单一农业，粗放无序的发展。

从 20 世纪初开始，纳帕谷自发繁荣发展的农业经济先后遭受了根瘤蚜虫侵袭、禁酒令、经济萧条、"二战"等困难和打击，部分酒厂倒闭，产业发展停滞甚至倒退。

第二阶段：品牌树立。第二次世界大战胜利后的经济恢复期，纳帕谷的葡萄酒产业迎来了新一轮的发展机会，在这一阶段，龙头企业纷纷对酿酒工艺进行现代化改造，政府和企业对葡萄酒品质进行着严格维护，终于，在 1976 年的巴黎葡萄酒评鉴大会"盲品"中，纳帕谷的赤霞珠和霞多丽击败了著名的法国波尔多名庄，双双获得首奖，从此纳帕谷红酒被一致公认为全球特级葡萄酒品牌。这一阶段的发展关键在于对品牌的保护和对产品质量的保证。

（1）纳帕谷酒商有意控制葡萄产量以保证产品质量。规定产区内每英亩的葡萄产量不能超过 4 吨，纳帕谷 60% 的酒庄年产量低于 5000 箱（1 箱 12 瓶），远低于周边葡萄酒产区。如今，纳帕谷的葡萄酒产量仅占整个加州葡萄酒产量的 4%，产值却占到了 1/3。

（2）纳帕谷的品牌在当地企业的倡议下得到了国家立法的保护。为了防止纳帕谷的名字被那些不用纳帕葡萄酿造的酒商所滥用，2000 年，纳帕谷企业成功倡议美国国家立法规定，正式实施 AVA（美国葡萄酒产地制度），规定凡使用纳帕谷品牌的酒，具备的基本条件是所用葡萄必须产自纳帕谷。由于对品牌的保护和彰显，纳帕谷红酒身价倍增。

纳帕谷各镇这一阶段的发展依旧以种植和酿酒产业本身为主导，致力于发展精致农业，注重科技的应用、品牌的保护和产品附加值的提升，后期逐渐形成了包括葡萄种植、加工、品尝、销售、游览、展会等功能的葡萄酒全产业链，成为世界顶级葡萄酒原产地的葡萄酒小镇集合，为之后旅游业的兴起和第一、第二、第三产业的融合打下了坚实基础。

第三阶段：产业融合。从 20 世纪 80 年代开始，纳帕谷的旅游业随着葡萄酒品牌的打响开始兴起，葡萄酒产业链逐步延伸，从最初的酒庄参观和观光旅游开始,到 2000 年以后复合型城镇功能的逐渐完善配套,第一产业的葡萄酒种植和第二产业的酿酒构成"特色产业引擎",各类第三产业构成"旅游吸引核心",两者共同成为纳帕谷吸引人口和消费的核心部分。

#### 9.1.4.3 成功因素

(1) 政府对纳帕谷各镇进行统一规划和差异化定位。由于纳帕谷各镇均以葡萄酒产业为第一、第二、第三产业融合发展的基础,为避免同质化竞争,纳帕郡政府及旅游管理部门根据各镇的发展现状和各自的资源禀赋,因地制宜地对 8 个小镇提出了差异化的发展定位,根据与葡萄酒产业融合发展的产业类型,大致分为四类,即葡萄酒本身、"葡萄酒+体育运动"、"葡萄酒+商业艺术"、"葡萄酒+休闲养生",整体形成"葡萄酒+"的产业体系,共同构成以体验为主的乡村休闲文旅小镇集群。

(2) 充分依托第一、第二产业资源进行产品体系和节事活动策划。纳帕谷的葡萄种植业和酿酒业,不仅是地方经济发展的支柱,也为当地旅游产品体系和节事活动提供了景观资源和发展基础。8 个小镇针对各自特定的产业发展定位,与主导的葡萄酒产业协同发展:

在温泉养生类小镇,红酒成为 SPA 的原材料,酒庄成为露天温泉的景观,可提供高端的休闲享受;

在体育运动类小镇,漫山遍野的葡萄园提供了天然的背景和怡人的气候,自行车谷地游与特色品酒活动相结合;

在商业艺术类小镇,当地的红酒产品和手工艺品吸引着中高端消费者,艺术画廊、精品店等业态和酒庄游览吸引的客群有着很高的重合度。

纳帕谷专门开设从 Napa 到 St. Helena 的"品酒列车",穿越葡萄园和酒庄,集观光、品酒、餐饮服务于一体。

为了增加淡季过夜游客的数量,纳帕谷增设了葡萄园高尔夫、热气球观光、酒庄婚礼、缆车观光等特色产品服务,这些产品的共同特点是:葡萄园景观成为重要的组成部分,却不用受葡萄种植季节限制。

为了最大可能地延伸和开发葡萄酒产业,纳帕谷为世界各地的会展和商务活动搭建了平台。每年举行多场展会,除了每年 6 月初的葡萄酒拍卖会,还有绘画展、摄影展、音乐会等,所有活动都将葡萄酒体验加入旅程之中。

(3) 政企合作成立旅游业提升区(TID)助推地方旅游业发展。由于加州葡萄酒种植区众多,彼此竞争激烈,为提升纳帕谷小镇集群的整体竞争力,同时减轻政府的财政压力,由纳帕郡会议与游客管理局牵头,纳帕郡政府、8 个镇政府、纳帕郡商会及纳帕谷内的酒庄、旅馆、餐饮等企业共同设立了"纳帕旅游业提升区",成立非营利组织"纳帕郡旅游公司"进行统一管理,通过 PPP 模式进行项目融资、招商引资及旅游宣传推广。旅游业提升区的成立充分调动了当地丰富的社会资本,减轻了政府的财政压力,并通过政府监督和统一管理使资金针对各镇产业发展特点有的放矢,有效避免了内部恶性竞争。

## 9.1.5 法国格拉斯——香水小镇

### 9.1.5.1 基本情况

格拉斯小镇 Grasse 位于法国东南部,地中海和南阿尔卑斯山之间,是一座环境优美清幽、气候温和湿润、街道交错狭窄的中世纪小城。格拉斯小镇位于山区,气候较为温暖,距离海边有 20 千米的路程,特殊的气候非常适合花卉种植,再加上地区人文和产业偏好,小镇的重点产业逐渐偏向花卉种植业及香水工业。花卉种植业包括了茉莉、月下香、玫瑰、水仙、风信子、紫罗兰、康乃馨及薰衣草等众多品种,其香精成为众多香水师趋之若鹜的原因。

### 9.1.5.2 特色产业——香水产业

格拉斯是法国香水的第一产地,这个不到 4 万人的地方,却有着超过 30 家的香水工厂。自从 18 世纪末以来,格拉斯的香水制造业一直相当繁荣,风靡世界的品牌 Chanel No.5 香水就诞生于此,它为法国赢得了"香水之国"的美誉。小镇生产法国 2/3 的天然 aromas,用于制造香水和食品调味料，每年香水业为小镇创造超过6亿欧元的财富。小镇因为香水设置有国际香水博物馆、弗拉戈纳尔美术馆、弗拉戈纳尔香水工厂、普罗旺斯艺术历史博物馆等著名景点，吸引了全世界爱香人士及旅游人士的到来。格拉斯每年举行国际玫瑰博览会和"茉莉花节"，小镇在茉莉花节要举行盛大的活动，装饰华丽的花车穿过市镇，并设置焰火、免费派对、民间音乐团体和街头表演等活动。格拉斯小镇已成为探访香水之路的旅行者们争相拜访的圣地之一。

9.1.5.3 产业链

(1) 鲜花种植。格拉斯小镇面朝大海，夏季地中海吹来的季风湿润宜人，阿尔卑斯山下的地下水加上充足的阳光，使格拉斯成为花草优生地带。冬季圣诞节后，来自澳洲的黄绒花将格拉斯及整个蓝色海岸染成金黄色；春季，染料木的黄花取代黄绒花；夏季，田中是紫色的薰衣草；5月、6月是玫瑰的季节，7～9月茉莉花盛开。此外，还有月下香、玫瑰、水仙、风信子、紫罗兰、康乃馨及薰衣草……由于格拉斯位处坡地，各个品种的花均找到了所需的海拔高度而各得其乐。每年在这个地区采集的花朵有700万公斤之多。

(2) 香精生产。1730年，法国第一家香精香料生产公司诞生于格拉斯。制造这些香精是很费神的事儿，为了保证香精的质量，制造的过程十分考究。所有作为原料的鲜花，一律都是人工采摘，时间要求很严格。像素馨的花，只能在4～10点采摘，而茉莉花必须在4点～日出前带露水采摘，因为太阳一出来，它就没有什么香味了。这种近乎苛刻的传统方法被一代又一代地沿袭了下来，保证了格拉斯香水的高品质。

(3) 香水制造。全法国80%的香水生产在这里，每年香水业为格拉斯创造超过6亿欧元的财富。不光是香水，还有很多用格拉斯盛产的知名原材料制作的护肤品、香皂、固体香膏，这些宝贝不仅每个都散发着纯正的芳香，而且经过专家数百年的钻研更具备了消炎镇定、保湿焕肤等多种作用。

(4) 香水文化旅游。格拉斯被称为"嗅觉的天堂"，它拥有众多的香水博物馆、香水实验室、香水工厂、花田、高尔夫球场，每年全球有数十万游客来此探寻香水的历史，香水旅游成为时尚，旅游业也成为格拉斯的支柱产业。

香水博物馆。著名的国际香水博物馆于1983年正式对公众开放，所在的建筑物是一栋建于1860年的具有拿破仑三世风格的市内住宅。国际香水博物馆的镇馆之宝是法国国王路易十六的妻子玛丽·安托瓦妮特王后的旅行箱，据说王后在1791年法国大革命期间携带这个箱子逃离法国。旅行箱重达80公斤，箱内物品包括安托瓦妮特王后使用过的热水瓶、化妆盒及野餐用具等。

香水制造企业。格拉斯可参观的香水工场有花宫娜（Fragonard）、戛里玛（Gali-mard）和莫利纳尔（Molinard）。戛里玛推出的游览服务包括：讲解香水制造的基础知识、提供各语种的免费导游。游客还有机会进入香味工作室配制自己所需要的香水。出于同样的想法，莫利纳尔香水制造厂推出了名为"香水大师"的旅游项目，向游客介绍提炼香精的"秘密"。在花宫娜的香水博物馆，能看到古老的香水生产过程：妇女们穿着当地的传统服装，在日出前的玫瑰田里采摘花朵；在隆隆的机器轰鸣声中，工人们摇晃着各种瓶子，用各式大大小小奇形怪状的煮锅、滚筒、蒸馏锅来压榨、提炼、萃取香油。要知道，一吨的茉莉花只能得到一升的精华，而一公顷田里的薰衣草也只能榨出15磅的香油。

香水学校。在格拉斯，还有一所培养调香师的学校，招收任何年龄的学生，不一定要有经验。不过唯一条件是鼻子要够灵敏，因为每个学生都必须学会分辨500种不同的气味才准予毕业。

高尔夫球场。格拉斯成了高尔夫天堂，到小镇上的人们，除了流连在醉人的芬芳中外，当地几家风格各异的高尔夫球场更是挥杆的绝妙场地。

节庆活动。格拉斯每年还要举办与香花有关的节日庆祝活动，其中玫瑰花节在5月，茉莉花节在8月，7月16日是薰衣草的节日等。

表 9-1　格拉斯小镇节庆活动

| 时间 | 活动内容 |
| --- | --- |
| 3 月 | 按摩节、法国芳香疗法展览 |
| 4 月 | 健康节、车会、美容沙龙 |
| 5 月 | 国际玫瑰展览 |
| 6 月 | 国家音乐节 |
| 7 月 | 魅力吉他节、剧院季节、薰衣草节 |
| 8 月 | 茉莉节 |
| 9 月 | 格拉斯生态节 |
| 10 月 | 家畜国际展览会 |
| 12 月 | 圣诞节、新年 |

#### 9.1.5.4　发展启示

法国小镇格拉斯最初成名于皮革业，后来因环境污染发展了养花，再后来格拉斯便借了花的精髓成为了世界的香水之都，如今旅游业又成了小镇的主导产业。由此可见，格拉斯小镇历经了多次的产业转型，并最终走上了以绿色农业为基础（鲜花）、新型工业为主导（香水）、现代服务业为支撑（旅游）的经济发展模式，并始终保持着活力，它对我国城镇化的发展具有现实的参考意义。

在格拉斯的发展历程中，有两次重要的转型，第一次是工匠们积极抓住市场机遇，从手工皮手套生产转向了香精、香水的生产；第二次是随着本地原材料成本的提高，转向国际采购原材料，而本地更多地转向旅游业等第三产业，以获得更高的附加值。

格拉斯的第二次转型对我们的启示是多方面的，一方面，在我国劳动力和资源要素成本持续上升的大背景下，更加全面地融入世界全球化产业链是我们要认真思考的课题，在不能放弃制造业的前提下，我们还要更多地将产品设计、原料采购、物流、订单处理、批发零售等产业链环节的价值收入囊中，而不仅仅是世界的代工者；另一方面，小镇的发展要合理有效地开发资源,兼顾经济发展与生态保护,就如鲜花既能用于提炼香水,也能用于旅游观光,选择合理的资源利用方式至关重要。

## 9.1.6 丹麦卡伦堡——工业共生的生态之城

#### 9.1.6.1 基本情况

卡伦堡位于丹麦首都哥本哈根西边约百公里的地方,是个规模不大的小镇,居民约5万人。在过去四十年来,卡伦堡创造出产业共生模式,证明跨产业的资源循环利用并非梦想。最初,这里只有一座火力发电厂和一座炼油厂。经过数年的发展,从20世纪60年代末开始,卡伦堡的主要企业相互间交换蒸汽、不同温度和不同纯净度的水以及各种副产品或者"废料"。从20世纪80年代以来,当地发展部门逐渐自发地创造了一种体系,将其称之为"工业共生体系"。"工业共生体系"的发展使这个不为人知的小镇在世界上知名起来,历经几十年的发展,其规模和影响力不断扩大,已经成为其他国家发展循环经济、实施区域循环经济的传统典范。

#### 9.1.6.2 产业生态关系

目前在卡伦堡"工业共生体系"中主要有四家企业:丹麦最大的火力发电厂阿斯耐斯瓦尔盖发电厂,发电能力为150万千瓦;丹麦最大的炼油厂斯塔朵尔炼油厂,年产量超过300万吨,消耗原油500多万吨;丹麦最大的生物工程公司挪伏·挪尔迪斯克公司;瑞典企业吉普洛克石膏材料公司。

卡伦堡市政府也参与了该共生体系的运行,它使用发电厂出售的蒸汽给全市供暖。共生体系内的成员相互间的距离不超过数百米,由专门的管道体系连接在一起。此外,工业园区内还有硫酸厂、水泥厂、农场等企业参与到了"工业共生体系"中。

由于进行了合理的链接,能源和副产品在这些企业中得以多级重复利用。这些企业以能源、水和废物的形式进行物质交易,一家企业的废弃物成为另一家企业的原料。炼油厂的废水经过生物净化处理,输送到发电厂,作为发电厂冷却发电机组的冷却水。炼油厂生产的多余燃气则作为燃料供给发电厂,部分替代煤和石油,每年能够使发电厂节约煤 3 万吨,节约石油 1.9 万吨。同时这些燃气还供应给石膏材料厂用于石膏板生产的干燥之用。发电厂产生的蒸汽供给炼油厂和制药厂(发酵池),同时,发电厂也把蒸汽出售给石膏厂和市政府,它甚至还给一家养殖场提供热水。发电厂一年产生的 7 万吨飞灰,被水泥厂用来生产水泥。企业间通过这种"互助",实现了废弃物的循环利用,达到了节能减排的目的。

卡伦堡 16 个废料交换工程总投资为 6000 万美元,而由此产生的效益每年超过 1000 万美元,取得了巨大的环境效益和经济效益。

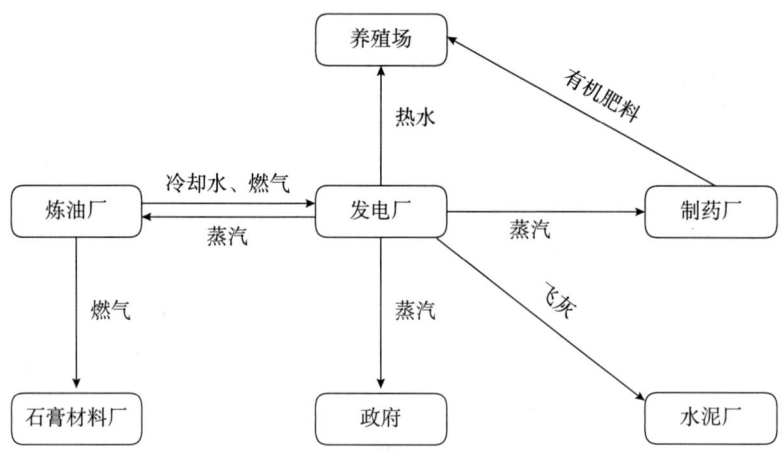

图 9—4　卡伦堡小镇产业生态关系

#### 9.1.6.3　发展驱动力

第一个驱动力来自于政策机制。政府在制度安排上对污染排放实行强制性的高收费政策,这使污染物的排放成为一种成本要素。例如,对各种污染废弃物按照数量征收废弃物排放税,而且排放税逐步提高,迫使企业少排放污染物。为了防止企业在追求利益的动机驱动下隐瞒危险废弃物、逃避废弃物排放税而给社会造成巨大危害,对于危险废弃物免征排放税,采取申报制度,由政府组织专门机构进行处理。与此同时,对于减少污染排放则给予经济激励。这是卡伦堡生态工业模式产生的基本原因。

第二个驱动力来自于企业经济效益和长期发展。卡伦堡地区水资源缺乏，地下水很昂贵，发电厂的冷却水若直接排放不仅会导致水的供给短缺，使当地其他企业无水可用、发展受到限制，而且还要缴纳污水排放税。因此，其他企业就主动与发电厂签订协议，利用发电厂产生的冷却水和余热。因为在卡伦堡，对于那几家企业来说，加工废水重新利用的成本与缴纳污水排放税相比可以节约50%的成本，而与直接取用新地下水相比可以节约成本约75%。因此，水的循环利用成为最早循环利用的生产要素。这是卡伦堡生态工业存在并发展的核心。

第三个驱动力来自于企业的生态道德和社会责任。卡伦堡的制药厂利用制药产生的有机废弃物制造有机肥料，免费送给周围的农场使用，作为回报，企业从农场获得农产品做原料。这使制药厂与农场之间成为循环经济联合体，实现了污染物的零排放。这是制药企业追求对社会负责任形象和生态道德的结果。

### 9.1.7 日本柯南小镇——成功导入文化IP

#### 9.1.7.1 基本情况

柯南小镇位于日本鸟取县的北荣町，是著名动漫作品《名侦探柯南》原作者青山冈昌老师的家乡。柯南小镇通过将动漫作品人物、场景、动漫衍生品、动漫作家等IP元素与旅游产业相结合，吸引了世界各地游客来参观和体验。原本一个普通的小镇因为柯南的出现慢慢变得有生命起来，虽然只有5000多户人家，如今却是全日本柯南迷的朝圣之地。

#### 9.1.7.2 柯南产业的打造

柯南的身影遍布小镇的大街小巷：柯南大道、柯南大桥，连路标、指示牌、浮雕铜像、井盖也以柯南为主题，是通过IP导入发展文旅小镇的典型案例。

柯南火车站：日本鸟取县北荣町的JR山阴线由良站被赋予"柯南站"的爱称，2013年12月15日举行了命名典礼。由良站之所以被爱称为"柯南站",皆因《名侦探柯南》的作者青山刚昌出生在北荣町。

柯南列车:西日本旅客铁道公司(JR西日本)运行鸟取车站至米子车站之间"名侦探柯南列车",每日运行3~5个往返。踏出JR山阴本线的由良站,就有帅帅的新一迎接你,宣告来到了"柯南之里"。酷酷地读着秒数,你在等着谁呢?

柯南博物馆:柯南博物馆是一座很独特的白色建筑物。门口一台黄色的小轿车,这是阿笠博士的"专车",他专为柯南制作各种特殊工具。该馆以《名侦探柯南》作为中心,铺设出青山刚昌绚丽的作品世界。博物馆有6个分区,除了青山刚昌的个人介绍、漫画作品和动画作品的展示区以外,自助餐厅和大量的动漫工艺品店也被设立其中。

柯南大道:街道都还原了《名侦探柯南》漫画里的场景,连井盖、路标、邮筒满满都是。

柯南大桥:桥头有一个小小的柯南,桥上的柯南浮雕有不少是由青山刚昌先生本人亲自监督完工的。

请柯南来解决:更为称奇的是,在动漫作品中,侦探柯南以他的睿智善良打动了众多读者的心,如今在北荣町,柯南似乎已经成为人们的精神寄托。每逢碰到疑难事件,人们的口头禅就是——"请柯南来解决"。

柯南身份信息:致力于"柯南的村落"建设的日本鸟取县北荣町,力图大胆创意缩短梦幻与现实空间。当地政府在户口簿的证明书上采用柯南的形象设计,居民卡、户口簿等各种证明也都被印上了本地出生的青山刚昌作品《名侦探柯南》的主人公"江户川柯南"形象。

柯南证明书:北荣町海岸边成排的"风车"也作为美丽的当地景观出现在各种证明书上。现在,这种印有人气卡通形象的户口证明书已经在鸟取县内使用,这是继日本境港市的"鬼太郎户口簿"之后的第二例。

柯南文化:除小镇基础设施建设之外,北荣町还继续打出青山刚昌这张日本动漫的"名人牌"。

柯南邮票:2007年4月3日,青山刚昌创作的人气漫画《名侦探柯南》

邮票开始正式发行，甫一推出，立刻博得全国好评如潮。最初预计，柯南邮票作为"动画·男女主角系列"的第四弹在日本全国发行 1000 万张，在鸟取县内准备发售约 5 万张。不过，鸟取中央邮局等县内很多邮局都是在第一天就销售一空。全国性销路顺利，也让不少国外咨询电话打到日本邮政部门询问，可见该漫画邮票的受热捧程度。

名侦探竞赛：尝到了甜头的鸟取县陆续推出一系列活动，不但将柯南邮票的发售作为主动力，还以该县出生的漫画家为中心，开展了"漫画王国鸟取"活动；北荣町还推出了有趣的"名侦探竞赛"，参加者将在柯南大桥上拾到一部照相机，然后根据目击证人提供的线索找出真正的失主，答对者将得到一套每个漫画迷都梦寐以求的柯南邮票。

以漫画兴县的鸟取县，不仅构建了一个动漫衍生品的全球性超市，还通过内外景拍摄地图的制作、县内书店漫画角的设置等活动逐步推进，以漫画巨大的力量来振兴当地的旅游产业。借助柯南的人气，鸟取县北荣町内部"柯南产业"的链条从上游到下游都集中在这个小城内，省去了代理费、交通运输费、导购人员支出等成本支出，形成了"工业集聚区"。

#### 9.1.7.3 发展启示

IP 导入是促进特色小镇发展的一种很好的手段，而如何选择合适的 IP 是非常关键的一环。IP 必须拥有概念——产品——卖点——盈利模式的完整体系，具体要求如下：第一，具有独特的核心吸引力及主题，对市场能够形成一定的激活效用；第二，知识产权独立，不涉及产权纠纷问题；第三，有一定的品牌知名度及客户黏性；第四，拥有较为成熟的产品支撑；第五，有清晰的商业模式；第六，IP 方拥有一定的咨询、运营及投资能力；第七，具有一定的延展能力及消费迁移能力。

### 9.1.8 奥地利瓦腾斯小镇——名企带动

（1）基本情况。

奥地利瓦腾斯（Wattens）小镇，地处偏僻的阿尔卑斯山麓，人口仅仅几千人，但每天却有成千上万的游客蜂拥而来，为的是看看那个造型怪异的阿尔卑斯山巨人。这个巨人匍匐在一个山头，两只水晶大眼在阳光的照射下闪烁着一种奇异的光彩，从它的嘴巴里奔涌而出的喷泉落到了前面的湖中，发出了巨大的咆哮之声。这个巨人正是施华洛世奇在1995年百年华诞之际，依山而建的"施华洛世奇水晶世界"。小镇瓦腾斯（Wattens）是施华洛世奇水晶在全世界仅有的两间工厂所在地。

（2）主要特色。

一方面是施华洛世奇水晶生产产业。1895年成立于奥地利的施华洛世奇集团目前由施华洛世奇仿水晶业务、Swarovski Optik（光学设备）和Tyrolit（研磨产品）三部分组成，其中仿水晶业务由第五代家族成员共同管理，在全球约170个国家设有2680间分店，员工人数超过26000人。近年来，施华洛世奇在巩固、丰富产品线上不断发力。除了推出高级珠宝产品线，Robert Buchbauer先后于2009年、2010年、2011年和2012年推出品牌首个手表系列、男士系列、眼镜系列及男士手表系列。腕表系列成为品牌业绩的第三大支柱，在低迷的市况下逆势获得超过10%的增长。

另一方面是施华洛世奇水晶产业的延伸，著名的具有非凡艺术创意的"水晶世界"，在全球吸引了大量游客。1995年，为纪念施华洛世奇公司成立100周年，多媒体艺术家安德烈·海勒主持设计了这座独特的梦幻天堂，为来自世界各地的1300多万名游客带去奇妙的瞬间。

2015年5月，施华洛世奇水晶世界迎来了奇妙新时代。奇妙展室（Chambers of Wonder）重新焕发光芒，其中五间完全重新设计，加大了占地面积，新增一处水晶花园。在这个奇幻的世界里，不仅能够触摸到古代历史，还可以与现代艺术不期而遇。

在施华洛世奇水晶世界里，海勒的主题大作当属"巨人"。为此，他还写了关于巨人游遍世界的奇妙之旅。后来，巨人在瓦腾斯安顿下来，守护着奇妙展室直到今日。

每逢冬季，施华洛世奇水晶世界就会推出各色艺术项目和家庭活动，让游客充分感受圣诞的氛围。除了梦幻灯光设施和独具特色的灯光节之外，这个神奇世界还将吸引各个年龄的游客走进工作坊，享受新年美食。

### 9.1.9 加拿大白求恩故乡——名人辐射出"特色效应"

加拿大安大略省的格雷文赫斯特（Gravenhurst）小镇位于风光秀丽的蜜月湖东岸，向北距离多伦多160多公里，与其他加拿大的普通小镇一样，Gravenhurst小镇环境优美、干净、整洁；小镇规模不大，街道和房屋排列整齐，这里的人们过着安宁平静的生活。对于中国人来说，这里是一个令无数中国人仰慕、崇敬的圣地，因为著名的国际主义战士白求恩就出生在这里。同时，这里还是风景优美、环境清幽的美丽小镇。凡是到多伦多旅游的人们大都会到这个小镇参观白求恩的故居，缅怀伟人的英雄事迹，寻访伟人的生活足迹。

这个小镇主要是利用名人辐射出来的特色效应，吸引了来自全球特别是中国的大量游客。

### 9.1.10 德国巴登巴登——沐浴之城

德国的巴登巴登位于黑森林西北部的边缘上。德语里"巴登"是沐浴或游泳的意思，所以可想而知这个城市是个浴室很多的地方。巴登巴登位于奥斯河谷中，小镇的镇区沿着山谷蜿蜒伸展，背靠青山、面临秀水，满目秀丽景色。

巴登巴登拥有悠久的历史，古罗马人在奥斯河谷中发现了温度高达69摄氏度的温泉，他们就在原地兴建起了大型的浴池，称之为Aquae。1500年时巴登巴登拥有12个众人浴场和389座个体浴室。17世纪时，因为战争，巴登巴登几乎全城被大火烧尽，连山上的城堡也未能幸免，直到18世纪末这里才又兴旺起来。游客增加，巴登巴登又建起了很多辉煌的宫殿、别墅和高级旅馆，使巴登巴登再次成为一个疗养胜地，到19世纪时，巴登巴登已经被人称作"欧洲的夏都"。

巴登巴登的温泉是食盐泉，可以治疗心脏动脉疾病、风湿病、妇女病和呼吸道疾病，功效广泛，巴登巴登也是葡萄产区。正因为有这样的自然资源，所以到了巴登巴登不泡个温泉就如没来过一样，在这边泡温泉还很有特色，在Friedrichsbad不准穿衣服，可以一边浸泡在温泉一边欣赏古老宏伟的古建筑。

为了使游客不感到厌倦，巴登巴登提供了各类娱乐设施，包括剧场、音乐厅、美术馆等。作为高级的疗养地，巴登巴登的商业定位也很高，商业街上满是世界一线品牌的商店，而且他们的商店陈设很有特色，店门关闭后，会把精品堆在橱窗边上，用冷光灯照射，犹如晚上的一处景色。游客晚上到商业街，可以一边沿商铺逛陈列的商品，一边选定商品，第二天再到店里购买。

## 9.2 国内案例

### 9.2.1 江苏仪征黑莓小镇

#### 9.2.1.1 基本情况

黑莓小镇位于我国江苏省仪征市马集镇，小镇土地资源、水资源丰富且适宜黑莓种植，黑莓作为一种特种经济果树，结果期早、见效快，一般种植当年即可结果，第三年进入盛果期。果实较大、果重高，经济效益明显。被誉为"生命之果"，富含多种氨基酸和微量元素。具备抗癌、护眼、壮骨、增强免疫力、助消化、愈合伤口等食用功效。目前市场上销售的黑莓果汁、果酱、罐头、果酒等产品风味独特，深受消费者喜爱。马集镇以黑莓产业为主导产业，将该镇打造成世界黑莓之乡。

#### 9.2.1.2 发展定位

(1) 总体定位。以世界级黑莓中心为愿景,在科创研发的基础上,通过高端论坛会议树立马集镇黑莓形象,加强与国外黑莓专业机构的合作交流,力争成为世界黑莓论坛的永久会址,打造世界级黑莓产业中心;以建设国家级特色小镇为导向,立足产业"特而强"、功能"聚而合"、形态"小而美"、机制"新而活",以黑莓为核心促进第一、第二、第三产业融合发展,打造中国黑莓特色小镇;以文化体验为支撑,重点布局黑莓文化交流、科普教育、休闲体验等项目,打造黑莓文化体验目的地。

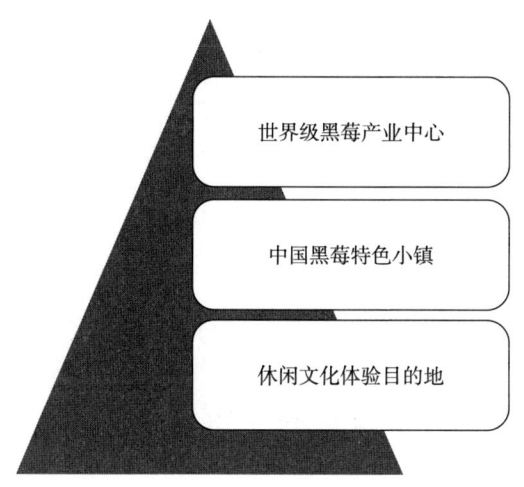

图 9-5 黑莓小镇总体定位

(2) 功能定位。小镇将依托相关重点项目的落地,承担科研创新、生产加工、商务办公、休闲体验、绿色种植五大功能。

(3) 产业定位。以黑莓种植为基础,挖掘深加工潜力,延伸产业链条,带动黑莓种植,强化黑莓产业核心优势。

#### 9.2.1.3 发展模式

立足黑莓特色种植,推动泛黑莓产业集聚和人口集聚,带动城市配套体系完善,进而推动特色小镇的形成。

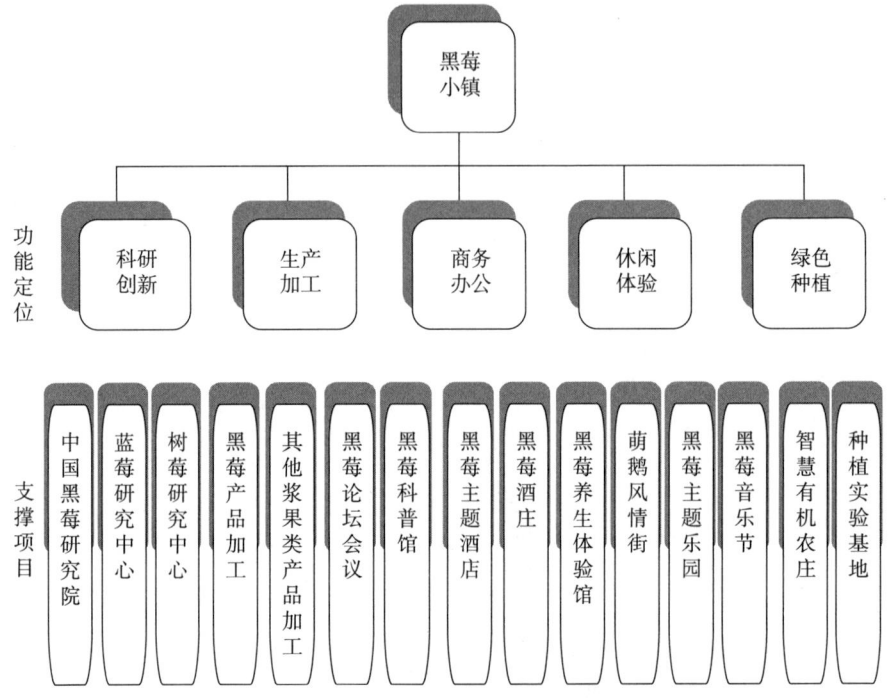

图 9-6 黑莓小镇功能定位

## 9.2.2 浙江海宁智慧农业特色小镇

### 9.2.2.1 基本情况

海宁市智慧农业特色小镇位于浙江省海宁市许村镇东部,紧邻杭州市余杭区,是连杭主中心和连杭次中心的链接区域。小镇的最终目标是促进"生产、生活、生态、生命"的大融合,创造性探索并整合"田园、科技、休闲、社区乃至生态系统",打造共荣共生的"智慧范式"。

### 9.2.2.2 产业定位

生产——长三角现代农业科研生产试验区。依托浙江省农业科学院海宁杨渡科研创新基地,联合区域范围内的农业科研及生产企业,拓展农业科研、生产试验等内容,形成以农业种业基地、绿色农业生产示范、果蔬粮食育种生产、畜牧示范养殖、农业技术培训为核心的科研生产试验区。

9 特色小镇案例研究

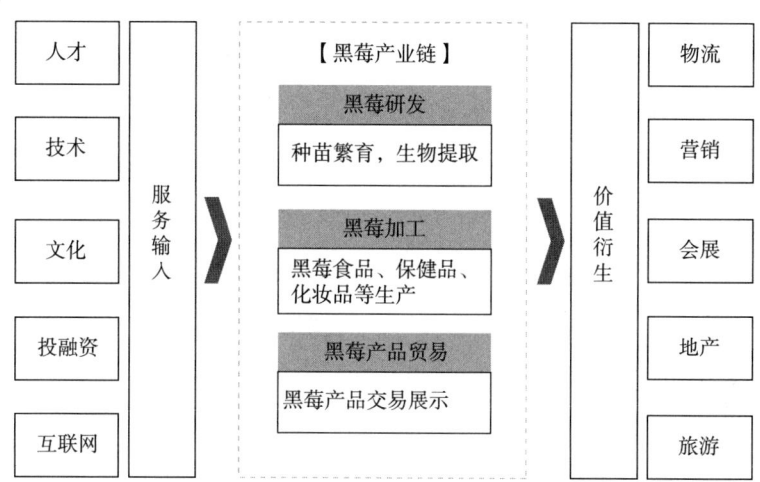

图9-7 黑莓小镇"黑莓产业链"

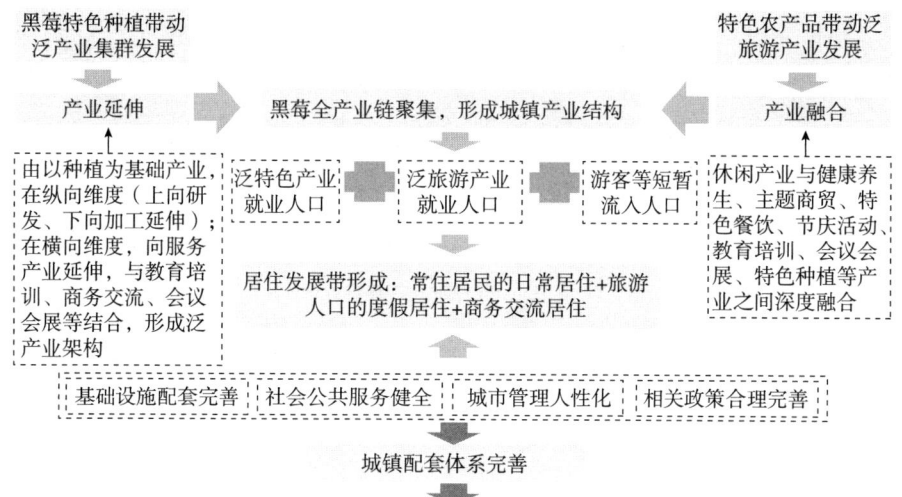

图9-8 黑莓小镇发展模式

平台——智慧农业总部经济聚居区。依托浙江省农业全产业链发展背景，通过平台搭建，形成集办公、科研、展示、金融与信息服务等于一体的农业总部经济发展区。主要包括农业网信息产业园、农业物联网与云计算产业园、智慧农业论坛、农业农村金融服务中心、健康管理中心等。

农人——当代新农民发展转型示范区。培育新型农民是新农村建设最本质、最核心的内容。规划依托农业科研企业，通过广泛开展多种类、深层次的培训教育，完成对农民业务、知识、习惯的培养，形成以市场配置为基础，以需求引导为市场，以商业活动为舞台的新生产者，使"农民"由一种身份转变成一种职业，即"农人"。

农村——浙江省富丽乡村升级样板区。深入贯彻国家新型城镇化战略，浙江省关于"美丽乡村"行动的内涵，促进农村社区在生产、生活、生态等方面的全面升级，增强乡村社会的归属感与农民自信心，创建浙江省美丽乡村的2.0版——富丽乡村典范。

9.2.2.3 空间布局

小镇通过"一轴、两心、六区"的空间结构形式，构建起智慧农业高地。

一轴：智慧农业发展轴；两心：围绕农业智慧平台建设，分别打造智慧农业总部经济中心及现代农业科研服务中心；六区：分别为智慧农业总部基地、杨渡科研创新基地产业园区、富丽乡村示范区、创意园艺企业产业园区、休闲创意农业体验园区、健康农业养生社区。

## 9.2.3 浙江磐安江南药镇

### 9.2.3.1 基本情况

2015年6月，浙江省第一批37个省级特色小镇创建名单正式公布，以中药材历史经典产业为主导的"磐安江南药镇"名列其中。江南药镇位于金华市磐安县新渥镇境内，距离磐安县城不到10公里。自古以来，磐安县便是浙江省中药材之乡，尤其盛产以"白术、元胡、浙贝母、玄参、白芍"

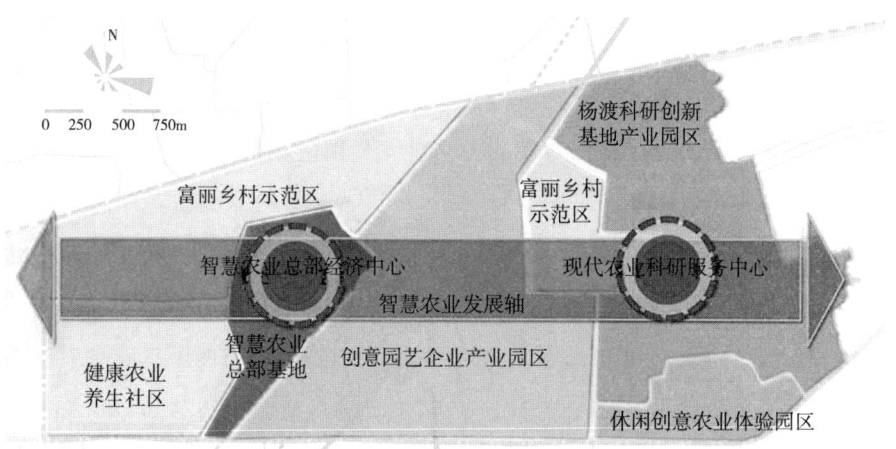

图 9-9 海宁智慧农业特色小镇空间布局

为代表的磐五味,被誉为"天然的中药材资源宝库"。中国药材城"磐安浙八味市场"是长三角地区唯一的大型药材特产批发地。磐安以此为基础,以浙江省特色小镇为发展契机,打造融"秀丽山水、人文景观、生态休闲、旅游度假、康体养生"于一体的江南药镇。

#### 9.2.3.2 产业发展

磐安是"中国药材之乡",全县境内有药用植物1219种,种类数量占全省的68%,同时也是全省最大的中药材主产区。汉代医学家张仲景《伤寒杂病论》中记载了"浙八味",其中白术、元胡、浙贝母、玄参、白芍这五味道地药材就盛产于磐安。县域内的大盘山国家级自然保护区拥有大量珍稀濒危的药用植物、道地中药材种植资源,是目前全国唯一一处以药用植物种植资源为主要保护对象的自然保护区。

依托磐安的资源基础,江南药镇定位为"药材天地、医疗高地、养生福地、旅游胜地",通过培育中医药健康产业、旅游服务业和养生养老产业三大新兴产业,融产业、旅游、社区、人文功能于一体,建设成为以中草药文化为主,集高端中药产业、旅游度假养生、区域联动发展的特色小镇;塑造一个尊重和传承中国中医药文化、人与自然和谐共生、可持续发展的精致特色小镇。

江南药镇总投资为51.5亿元，主要用于非营利性基础及服务设施和重点工程项目，其中非营利性基础及服务设施投入约11.5亿元，主要用于打造文化旅游品牌，及中医药养生园、特色文化街区和中药产业园的建设。

9.2.3.3 功能分区

江南药镇分为三大功能区：一是结合浙八味市场，通过药文化园、养生博览馆、中医药文化特色街区、中医院、康体养生园的建设打造江南药镇的核心区，作为药镇对外服务的主体部分；二是主题展示区，包括中医药主题公园、百草园，以中药材的种植和展示功能为主；三是以中医药产业园建设为代表的产业区。

## 9.2.4 浙江黄岩模具特色小镇

（1）基本情况。

项目地处浙江台州市黄岩区，黄岩素有"中国模具之乡"的美誉，模具产业作为黄岩区的优势产业之一，至今已有近六十年的发展历史。项目规划总面积约为3.47平方公里，建设用地1500亩，总投资达55亿元。

（2）特色塑造。

产业特色。小镇通过小窗口、大平台塑造产业特色。这里聚集着标杆龙头模具企业，引领产业向前发展，这里搭建了众创模具孵化平台，鼓励创新挖掘潜力，这里创设了模具产业服务中心，全面满足行业需求。

文化特色。小镇整体就是一个博物馆，凸显小镇模具文化。通过建设博物馆和景观节点全方位展现模具文化，每一条街道和绿带都通过系统性布置模具雕塑、旧件展品体现模具的发展历程，每一个企业都设计一定的空间展现自己的历史，构成小镇浓郁的模具文化。

空间特色。整个小镇呈现出"三生"、串联、协调的空间格局。一是张弛有度、错落有致，与生态水系、乡村田园、山体背景相融合的生产、生活、生态的"三生"特色空间；二是通过水环绿廊中配套服务功能的引入，通过慢行绿岛、公交线路、体验游戏的串联，实现产业、居住和服务的串联；三是塑造协调统一优美的小镇景观风貌。

(3) 发展定位。

产业新高地：打造一个极具人才和产业创新的，促进模具产业转型的产业新高地。

宜居活力区：打造一个功能完善的，富有生活情趣和多元生活体验的宜居活力区。

生态特色镇：打造一个亲近自然的，承载文化魅力和特色旅游功能的生态特色镇。

(4) 空间布局。

项目总体形成"一环两轴七廊、两心三点多组团"的空间布局结构。一环：以水环为基础，串联滨水多个公共服务节点的功能景观复合环；两轴：沿新江路、锦川路两条道路功能轴，是大区域功能轴线的延伸；七廊：沿水系形成的七条生态廊道，使小镇与周边山体、水库及永宁江形成生态联通；两心：围绕锦川路小镇门户形成的生产服务中心和三水交汇处的生活服务中心；三点：人才培训中心、科研创新中心和企业商务中心三个公共服务节点；多组团：多个特色产业组团和生活配套组团。

### 9.2.5　浙江义乌绿色动力小镇

(1) 基本情况。

绿色动力小镇位于浙江义乌东南部，佛堂镇与赤岸镇的交界处，规划面积为3.32平方公里。2015年6月，吉利集团与义乌市政府签署协议，投资300亿元，打造集新能源整车、动力总成、汽车零部件及周边产品研发制造，并融合工业旅游、汽车主题旅游、休闲健康运动等功能为一体的千亿级的"绿色动力小镇"。小镇主要分成产业核心区、创新综合服务区、运动休闲体验区和城镇综合服务区四个区块建设。

义乌绿色动力小镇计划三年完成投资100亿元，拥有10万台整车、160

万台发动机、50万台变速箱的生产规模,实现上万人集聚,年旅游人数可超过50万人次。

(2) 主导产业。

绿色动力小镇是以汽车产业为主导,从发展汽车零部件生产企业为主,汽车相关衍生产品生产为辅。

(3) 空间布局。

一轴:环房车露营区,穿越创新服务区、新能源换乘区、越野体验区的南北向轴线。

两核:房车露营区、产业核心区。

多节点:创新服务区、生态创客村、新能源换乘区、汽车运动区、越野体验区、城市公园。

八大功能区:可建设区包括创新服务区(盘塘商业中心、游客中心、创新服务中心)、生态创客村(创客居住区、社区服务中心)、产业核心区;绿地公园包括房车露营区(盘塘水库&环湖公园、房车露营公园)、越野体验区、新能源换乘区、汽车运动区(汽车运动公园、瓦窑公园)、城市公园区。

## 9.2.6　广东蓬江区棠下镇

(1) 基本情况。

蓬江区棠下镇坐落于广东江门北部,它既是一个鱼米之乡,又是一个年产值超千亿元的工业小镇,更是一个有着深厚历史文化底蕴和优美自然风光的人文重镇。2017年获批第二批中国特色小镇。

(2) "产城人文"融合特色。

全国特色小镇需要经过综合性考评,包括经济基础、产业水平、历史文化以及综合管理多个方面。棠下镇的特色就在于它是"产城人文"的融合。

棠下镇是一个经济强镇。2016年,棠下镇实现地区生产总值124.79亿

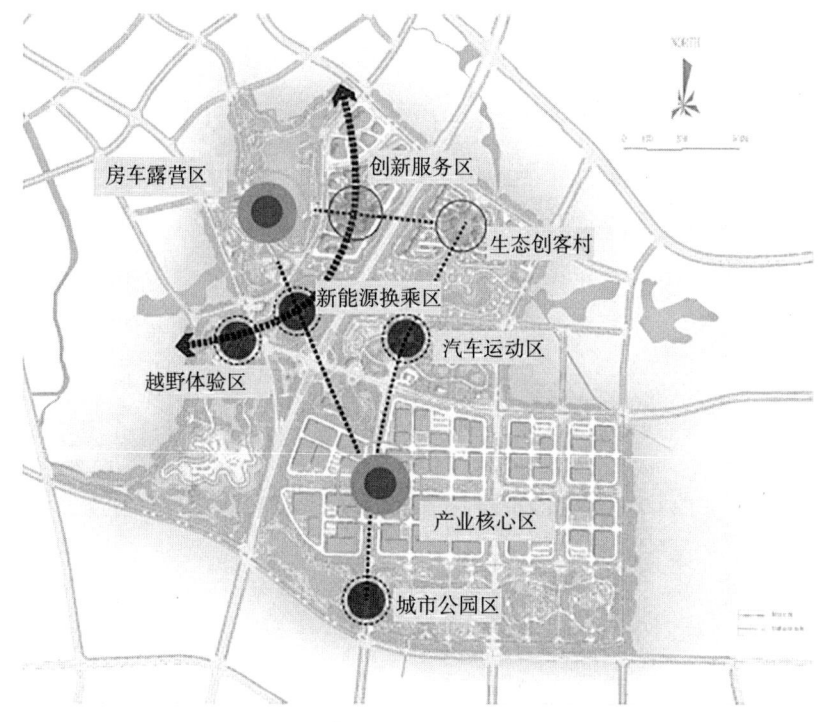

**图 9—10 绿色动力小镇布局**

资料来源：浙江义乌绿色动力小镇概念性规划。

元，同比增长 12.45%；规模以上工业总产值 520.12 亿元，同比增长 35.6%，是广东省重点工业卫星镇和全国"千强镇"。

棠下镇是一个工业重镇。棠下镇产业园是江门市重点发展的先进制造业示范区，现拥有嘉宝莉、海信、康师傅、中烟摩迪、天地壹号饮料等中国名牌产品，形成了电子信息、精密机械、智能家电、健康食品四大支柱产业。

棠下镇是一个历史文化名镇。棠下镇始建于宋朝，经专家学者考证，该镇的良溪古村是古代中原人继南雄珠玑巷后南迁落籍终点，被誉为"后珠玑巷"，从这里走出去的海外华人过千万人。2014 年，该村被国家住房和城乡建设部与国家文物局定为"中国历史文化名村"。棠下镇素有"一镇三院士"的美誉,"国宝"陈垣院士、心血管疾病专家陈灏珠院士、新材料专家郭景坤院士都出自该镇。

棠下镇还是一个三产旺镇。棠下镇交通四通八达,区域内沈海高速、广中江高速、江肇高速、江顺大桥、滨江大道、广珠铁路和即将建设的广佛江珠城际轨道、南沙疏港铁路等区域交通走廊贯通纵横,1.5 小时内可通达珠三角和中国香港、中国澳门。依托城市中心辐射拓展的棠下镇南部片区,已建成江门市体育中心、广东珠西国际会展中心、保利商圈、现代社区等一大批商业、服务业设施,第三产业发展潜力巨大,未来还将全力建设总部经济基地,打造江门 CBD。

### 9.2.7 贵州安顺西秀区旧州镇

#### 9.2.7.1 基本情况

旧州镇地处黔中腹地,位于贵州省铜川市耀州区西北部,地处淳、旬、耀三县区交界处,融入现一小时经济圈。镇域面积为 244 平方公里,镇区常住人口为 0.35 万人。2015 年,镇 GDP 为 30 亿元,城镇居民人均纯收入为 1.8 万元。

旧州镇文化本体深厚,是一个人口密集、多元的、包容的特色小镇。进入小镇的第一印象就是民居的独特,旧州西街保留和修复了较多老房子,保持了原有的石木结构,使具有 600 年"屯堡人家"的历史记忆留在现代人的脑海中,让古镇在新旧对比中彰显旧州的文化魅力。旧州镇是中国屯堡文化的发源地和聚集区之一,是全国第一批建制镇示范试点镇,是第一批国家特色小镇、中国历史文化名镇、全国文明村镇、全国美丽宜居小镇和国家 4A 级生态文化旅游小镇,被誉为"梦里小江南,西南第一州"。

#### 9.2.7.2 主要特色

(1) 产业形态:"旅游+生态+文化+美食"。以"旧州五场"打造文化生态特色旅游小镇。一是历史文化场;二是特色美食场;三是田园风光场;四是乡愁体验场;五是传统农耕场。全面实施"1+N"镇村联动计划,坚持"以镇带村、以村促镇、镇村融合"，全力推进1个"特色小镇"带动多个"美丽乡村"建设。

(2) 美丽环境：镇村景一体。古镇古风古建筑。旧州镇区是黔中文化的典型代表，其古镇规划布局既有土司时期的建筑规制，更有明代江南城镇布局的典型特征。

天蓝地绿水净。旧州镇区内地表水环境质量、空气环境质量、声环境质量、重点工业污染排放达标率、生活垃圾无害化处理率、生活污水集中处理率、清洁能源普及率均达100%。

梦里江南山里水乡。旧州镇始终按照"一建四改治八乱，五有四化三提高"的要求改善农村人居环境，在创建"四在农家·美丽乡村"中发展乡村旅游。

(3) 传统文化：发掘保护传承。文化传承——发掘整理提纯复壮普里文化、屯堡文化、饮食文化、建筑文化、民族文化等特色文化，全面提升古镇文化内涵；文化传播——唱响旧州，加大新兴媒体的推广宣传力度，通过大众媒体的宣传造势并结合自媒体、微信、微博、手机APP等的实行推广整合落地。

9.2.7.3 发展路径

(1) 发挥生态和文化优势，建设绿色旅游小镇。过去，旧州镇是以种植、养殖和加工为主的农业乡镇，经济总量小、发展水平低，在推进特色小城镇建设的过程中，旧州镇依托丰富的文化资源和良好的生态环境，按照"镇在山中、山在绿中、山环水绕、人行景中"的规划布局和发展理念，坚持生态保护优先，先后完成了"土司衙门、古民居、古街道、古驿道"的修复修缮工作，培育了一个国家级湿地公园，一个4A级国家生态文化旅游景区，两个特色观光农业示范区。同时加快旅游慢道、旅游小火车、游客服务中心等旅游基础设施建设，逐步形成了以旧州、天龙、云峰为重点的大屯堡旅游圈，推动了生态旅游与人文旅游融合发展，旅游产品的业态不断丰富，今日旧州农村变成了景区。

2015年接待游客总人数近40万人次，实现旅游总收入2.53亿元，同时，旅游的发展也带动了民俗客栈、特色农庄的迅速发展。既解决了农民就业，又拉动了经济增长，2015年解决了镇区和周边乡镇共6000人的工作，其中吸纳异地人民搬迁1000余人就业。

（2）探索就地就近城镇化路径，建设美丽幸福小镇。根据旧州镇的实际，就地就近城镇化是推进特色小镇发展的重要路径，是打好脱贫攻坚战的必然选择。旧州镇按照国家"3个1亿人"城镇化行动方案和省"5个100工程"建设目标要求，率先探索实践城镇基础设施"8+X"项目建设模式，完善了交通运输、污水处理、垃圾清运等基础设施，优化了教育医疗、文化、体育、便民服务等公共服务设施。

加强政企合作，借助外力发展，在浪塘村打造升级版"微田园"，以"万绿城"城市综合合作建设特色产品职工基地，实现示范小城镇订单式生产，城市综合体链条式销售。和葡萄牙里斯本大区维苗苏镇、黄果树旅游集团公司结成对子，合作打造特色旅游民居、"山里江南"旅游综合体等项目，吸引农业转移人口向镇区和美丽乡村集中，同时把小城镇建设与异地扶贫搬迁结合起来，将生活在治安条件极其恶劣、生态环境脆弱、自然灾害频繁区域的贫困户搬迁，集中安置到镇区附近，并帮助其就业。

2015年新建搬迁移民住房500户，计划安置2250人，群镇城镇化率由2012年的35%提升到2015年的45.2%，提高了10.2个百分点。

（3）积极探索创新城镇化发展体制机制，创新投融资模式。按照国家新型城镇化试点要求，积极探索创新城镇化发展体制机制，围绕城乡发展一体化，投融资机制、公共服务、供给机制等试点要求，深化改革探索创新投融资模式，成立了镇级投融资平台，积极争取各方面投资资金。逐步把旧州镇打造成为连接城乡的重要纽带，服务农村的重要平台，带动周边的辐射点，建成了连接镇区与安顺中心城区的屯堡大道，改造提升区内路网和对外通道，把周边的双堡、七眼桥、大西桥、刘官和黄腊等乡镇串联起来，形成具有辐射带动作用的城镇集群。

（4）加快省级示范小城镇建设，打造贵州小城镇省级版的排头兵。在各级各部门的支持下，旧州镇抢抓发展机遇，在成功申报为全国历史文化名镇后，着力打造文化生态旅游古镇。首先，坚持规划引领，科学编制了镇总体规划以及历史文化名镇保护规划，并委托省规划院在全省率先编制了旧州镇"多规融合"规划；其次，注重绿色发展的理念，继成功创建省级绿色低碳小城镇后，申报国家级绿色低碳小城镇，并通过了国家发展和改革委员会、住房和城乡建设部、财政部专家验收；最后，树立"一盘棋"思想，把特色小镇建设与全面小康结合起来，按照建设美丽乡村的要求，统筹镇村基础设施，公共服务设施建设，构建"以镇带村、以村促镇、镇村融合"的"1+N"镇村联动发展模式，通过特色小城镇建设得到了很多实惠。

### 9.2.8 浙江杭州云栖小镇

#### 9.2.8.1 基本情况

云栖小镇是西湖区计划依托阿里巴巴云公司和转塘科技经济园区两大平台打造的一个以云生态为主导的产业小镇。云栖小镇是一个云计算产业生态聚集地，运用大数据的计算将简单数据变成生产要素，小镇就是围绕云计算产业的特点，构建"共生、共荣、共享"的生态体系。2015年，阿里云开发者大会正式更名为"云栖大会"，并且永久落户西湖区云栖小镇。

云栖小镇是浙江省首批创建的37个特色小镇之一。位于美丽幸福的首善之区杭州市西湖区，规划面积为3.5平方公里，是以云计算为核心，云计算大数据和智能硬件产业为产业特点的特色小镇。云栖小镇已累计引进包括阿里云、富士康科技、数梦工场、政采云、商圈网络等在内的各类企业650余家，其中涉云企业425家，产业覆盖云计算、大数据、APP开发、游戏、互联网金融、移动互联网等各个领域，已初步形成较为完整的云计算产业生态。

#### 9.2.8.2 主要特色

一个小镇的灵魂人物。云栖小镇名誉镇长王坚博士，是阿里巴巴的首席技术官、阿里云的创始人、中国云计算领域的领军人物,也是云栖小镇的主要创建者,致力于把云栖小镇打造成中国未来创新的第一镇。

一个高端的新兴产业。云栖小镇坚持发展以云计算为代表的信息经济产业,着力打造云生态,大力发展智能硬件产业。目前已经集聚了一大批云计算、大数据、APP开发、游戏和智能硬件领域的企业和团队。

一个创新的运作模式。云栖小镇采用了"政府主导、民企引领、创业者为主体"的运作方式。政府主导就是通过腾笼换鸟、筑巢引凤打造产业空间,集聚产业要素、做优服务体系。民企引领就是充分发挥民企龙头引领作用,输出核心能力,打造中小微企业创新创业的基础设施,加快创新目标的实现。创业者为主体就是政府和民企共同搭建平台,以创业者的需求和发展为主体,构建产业生态圈。这是云栖小镇最有创新活力的部分。

一个全新的生态产业。云栖小镇构建了"创新牧场—产业黑土—科技蓝天"的创新生态圈。"创新牧场"是凭借阿里巴巴的云服务能力,淘宝天猫的互联网营销资源和富士康的"工业4.0"制造能力,以及Intel、中航工业、洛可可等大企业的核心能力,打造全国独一无二的创新服务基础设施。"产业黑土"是指运用大数据,以"互联网+"助推传统企业的互联网转型。"科技蓝天"是指创建一所国际一流的民办研究型大学,就是西湖大学,现在已经在紧锣密鼓的筹办当中。

一个世界级的云栖大会。云栖小镇创建了真正服务于草根创新创业的云栖大会,目前是全球规模最大的云计算以及DT时代技术分享盛会。"2015年杭州云栖大会"吸引了来自全球2万多名开发者以及20多个国家、3000多家企业的参与。

### 9.2.8.3 产业生态

目前云栖小镇正在打造阿里云生态、OS生态、智能硬件生态、卫星云生态4个产业生态。

(1)阿里云生态。阿里云已成为全球领先的云计算及人工智能技术公司。2016年8月,阿里云正式入驻云栖小镇,为小镇的云产业建设提供了强大支撑。2018年春节前后,阿里云事业群将整体迁入云栖小镇。届时,全国云计算高端人才的70%以上将集聚在云栖小镇,使这里真正成为中国云计算大数据产业的高端集聚区。

阿里云的入驻还吸引了生态内如政采云、中科院卫星云产业基地、中天微芯片、高文院士视频解码技术国家实验室等一大批关联的重点云产业项目落地云栖。

(2) OS生态。在阿里的OS大家族中,已经有手机、互联网汽车、互联网电视、智能家居、智能穿戴等多种智能终端。诞生于DT时代的OS可以适用于当下任何智能产品,如手机、穿戴设备、电视、汽车以及物联网产品等。云栖小镇的OS生态就是利用阿里巴巴在云计算方面的强大能力,促进云栖小镇创新创业。2016年7月,阿里巴巴和上汽集团在云栖小镇联合发布世界首款互联网汽车荣威RX5,就是OS生态的一个典型案例。

作为互联网汽车,荣威RX5有两部引擎:一部是负责在路上行驶的动力引擎,另一部则是用来在互联网上生产、消费数据的计算引擎。它能够和电脑、手机一样,独立在互联网上消费和生产数据。

在云端,互联网汽车有一颗聪明的"大脑":通过大数据来思考,变得越来越懂你。行驶路上,互联网汽车会不断学习和记忆用户的驾驶路线和习惯。

(3) 智能硬件生态。在云栖小镇,除了阿里巴巴,还有另一个"巨头"——富士康。这两大巨头联手发起的淘富成真平台,帮助智能硬件创业者突破发展瓶颈,更快地成长。

智能硬件生态就是以淘富成真平台为载体,为创新创业者提供迅速对接世界一流的研发、设计、制造、营销等资源的服务于智能硬件创新的平台。

在这个平台上,不仅有阿里云的云服务能力和富士康的"工业4.0"制造能力,还有云栖小镇的创业扶持政策,阿里互联网营销资源和银杏谷资本、云锋基金、浙江智能硬件创业联盟等提供的投融资、创业辅导、周边服务等一系列创业服务。

2014年3月,为了减轻团队研发的儿童智能笔5克的重量,陈良彬来到"淘富成真"路演第一期。路演后一天,富士康的工程师就开始给儿童智能笔做新方案、做新模具、开流水线、找新电池,最终使得儿童智能笔达到了重量要求。

在解决重量问题的过程中,富士康还优化了儿童智能笔的外观、结构、大小,将其纳入自己的生产线,并一站式提供全球认证服务。

(4) 卫星云生态。云栖小镇正在筹建中国卫星产业创新中心。项目落地后,将使杭州成为继北京、上海之后的中国卫星产业的第三极。同时,云栖小镇与北斗卫星应用的创新中心达成战略合作,拟在云栖小镇建成卫星研发、制造、应用的全产业链生态体系。

### 9.2.9 浙江杭州物联网小镇

#### 9.2.9.1 基本情况

杭州滨江物联网小镇位于浙江杭州高新区(滨江)的东部,钱塘江南岸,毗邻萧山区,东接奥体博览城、钱江世纪城,地理位置优越,交通发达,地铁、公路等一系列交通配套设施齐全,是浙江省内区位条件最优的产业小镇之一。小镇规划面积为3.66平方公里,核心区为1.5平方公里,产业用地达1190亩。

#### 9.2.9.2 发展定位

以物联网产业为主导,同时大力发展与物联网产业相关联的云计算、大数据、移动互联网、信息安全及先进传感设备、核心元器件制造等物联网基础性支撑产业,具有鲜明的创新创业文化内涵,集科研创新、商业商务、会议会展、居住服务、科普教育及文化休闲等功能为一体的国际领先、国内一流的国家级物联网产业示范基地。

#### 9.2.9.3 发展目标

从宏观背景条件来看,"长三角"地区已经逐步成为我国区域经济发展的重要增长极和亚太区的经济发达地区之一。这个世界第六大都市带正在全面迈向后工业经济发展期。这一时期的区域产业结构调整和提升过程，也是区域内基础制造业逐步向现代服务业转化的过程。而"长三角"在这一过程中，已经开始通过交通网络、信息网络构筑区域经济共同体。转型期浙江的发展以产业结构调整和低碳生态化为主要方向。从杭州市的发展来看，除了发挥长三角南翼中心城市的辐射带动作用外，还应强化在全省的政治、经济、文化、科教中心地位，着力打造科技创新和综合服务功能。作为国家高新产业区的滨江，无疑是这一过程中的先锋队。

基于滨江区现有的在全国已经初步具备的领先优势，结合浙江省物联网产业的"一心两翼"战略，借助高新区的政策和基地区位优势，物联网小镇的目标是致力于将其打造为：中国物联网产业示范区、长三角物联网产业重要中心、浙江物联网产业核心区。

#### 9.2.9.4 龙头企业

由海康威视、大华、宇视科技组成的智慧安防产业集群，奠定了高新区（滨江）智慧安防产业在全球的地位。在滨江物联网小镇中，可以见到这些数字安防龙头企业的身影。其中小镇的"荣誉居民"非海康威视莫属，习近平总书记的到访让其成为物联网小镇内的明星企业。海康威视出具的2014年年报显示，公司所处行业依旧保持较高的景气度，公司实现营业收入172.33亿元，同比增长60.37%；实现利润总额52.06亿元，同比增长53.76%。

物联网小镇内，海康威视物联网安防产业基地（海康三期）已开工建设，这里将成为海康威视面向视频监控、联网报警、传输存储等领域，集研发、生产、检测于一体的全球最大互联网安防产业基地。

### 9.2.10 浙江乌镇互联网小镇

#### 9.2.10.1 基本情况

乌镇地处桐乡市北端，京杭大运河西侧，西临湖州市，北接江苏省吴江区，为两省三市交界之处。原镇域面积为 67.22 平方公里，辖 3 个社区和 16 个行政村，常住人口为 5.7 万人，龙翔街道与西浜村划归乌镇镇管辖，调整后，镇域面积为 110.93 平方公里，常住人口达 8 万人，辖 4 个社区和 26 个行政村。

乌镇互联网特色小镇选址在镇区西北角，紧邻西栅景区，具体为：东至乌镇市河，南至西栅景区界线，西至薛塘，北至京杭运河，规划用地面积 3.13 平方公里，建设用地 1626.4 亩。定位于建立以互联网产业为主导的、以会议会展、旅游休闲、安居乐业、城镇管理等领域网络化、智能化应用为体现的，与国内外知名大学、知名互联网企业共同建设的具有诗画水乡特色的集聚互联网产业新成果、新产品、新应用的"互联网小镇"。

9.2.10.2 重点项目

（1）互联网国际会展中心：总投资为 10 亿元，项目自 2015 年 5 月开工，于 2016 年 10 月竣工。宴会中心于 2017 年 3 月开工建设，总投资为 6 亿元。

（2）互联网产业及互联网博物馆：总投资为 26 亿元，项目位于西栅景区西北部，总用地面积约为 1500 亩，其中建设用地约为 800 亩，该项目的土地征用已基本完成，将于 2018 年开工建设。该项目将用于建设互联网主题公园、博物馆、数字影视基地、互联网产业、智慧旅游体验中心等设施。

（3）江南乌村：总投资为 3 亿元，项目紧邻乌镇西栅景区和京杭运河，占地面积约为 417 亩，其中建设用地为 130 亩。该项目将围绕精品农产品种植加工区、农事活动体验区、知青文化区、船文化区四大板块，建成以田园风光为主题的新型旅游度假区，将打造成为中国"农家乐"旅游产品发展的新典范。

（4）互联网之光博览会：总投资为 1 亿元，该项目位于互联网国际会展中心，同时作为互联网大会期间的展览展示场地。

（5）互联网创客空间：总投资为 3 亿元，项目位于西栅景区北侧，互联网国际会展中心东侧，建设用地约为 100 亩。该项目的土地征用已基本完成,于 2018 年开工建设。项目打造以创客为主体的创新创业基地,沿水系重点集聚创客商业交流、相关支持服务等活动,形成互联网融合创新中心,周边配置以创新创客办公及居住为主的混合用地。

(6) 健康谷"挂号网"医疗中心:总投资为 1 亿元,项目位于镇北路北侧,建设用地为 5 亩,将用于智慧医疗项目建设。目前互联网医院已投入使用,乌镇互联网医院实现了互联网与医疗的深度融合,是对"互联网+"医疗领域的全新探索。

(7) 吴越文化创意园:总投资为 10 亿元,项目位于乌镇北栅,总占地约为 124 亩,其中建设用地约为 100 亩。项目以文化创意类产业为主要内容,包括"乌镇双年展"(国际现代艺术展)展厅及配套设施、创意工坊、滨河文化休闲街、乌镇戏剧学校等内容,打造集文化产业、文化创意设计、文艺演出(电影、电视、戏剧)和传统现代艺术国际展览于一体的"文化集市"。

(8) 互联网大数据运营中心:总投资为 5 亿元,项目位于环河路北侧,隆源路西侧,建设用地面积约为 15 亩,该项目的土地征用已基本完成,于 2018 年开工建设。该项目将用于智慧旅游综合平台、智慧政务、智慧安防等建设。

(9) 互联网创业街区和创客村:总投资为 1 亿元,项目位于镇北路北侧,建设用地约为 30 亩。该项目将用于引进金融咖啡等互联网创业创新街区平台,构筑产业生态,创建创客村。

# 参考文献

[1] 李庆峰. 特色小镇：一种新型社会治理模型及其发展［J］. 中国经贸导刊，2017（2）.

[2] 杰克·舒尔茨. 美国的兴旺之城——小城镇成功的8个秘诀［M］. 谢永琴译. 北京：中国建筑工业出版社，2008.

[3] 阎立忠. 产业园区/产业地产规划、招商、运营实战［M］. 北京：中国工商联合出版社，2015.

[4] 文丹枫，朱建良，眭文娟. 特色小镇理论与案例［M］. 北京：经济管理出版社，2017.

[5] 林峰. 特色小镇孵化器［M］. 北京：中国旅游出版社，2017.

[6] 艾·里斯，杰克·特劳特. 定位［M］. 北京：机械工业出版社，2016.

[7] 张鹏，方书贝. 特色小镇规划建设与建筑风貌设计方法研究［J］. 城市建筑，2016（6）.

[8] 王志勇，赵佳. 园林设计在特色小镇（朝鲜星火村）规划中的应用［J］. 林业科技情报，2013（3）.

[9] 孔祥智. 中国农村小城镇建设：现状、问题与对策［J］. 农业经济问题，2001（3）.

[10] 王宝刚. 国外小城镇建设经验探讨［J］. 规划师，2003（11）.

[11] 陈忠卫、王平. 乡镇企业发展与小城镇建设互动关系研究：基于产

业集群的视角［J］.当代经济管理，2008（3）.

［12］潘秀玲.中国小城镇建设［M］.北京：中国科学技术出版社，1995.

［13］叶堂林.小城镇建设的规划与管理［M］.北京：新华出版社，2004.

［14］王媛、周霞.县域经济发展与小城镇建设［M］.北京：社会科学文献出版社，2005.

［15］杜宁、赵民.发达地区乡镇产业集群与小城镇互动发展研究［J］.小城镇建设，2011（3）.

［16］王秋辉."PPP＋"特色小镇——PPP模式在特色小镇建设中的研究［J］.知识经济，2017（12）.

［17］杜琳琳.特色小镇创新发展战略选择［J］.中国经济导刊，2016（6）.

［18］潘凯.住宅小区公共服务设施规划管理研究［J］.经济论丛，2009.

［19］杨振华.特色小镇关键在"特"［J］.瞭望，2017（18）.

# 后 记

　　从事产业研究及产业规划十几年以来,我深知产业带动一个地方经济发展的重要性和必要性。自从国家确定创建特色小镇战略之后,全国各地引起了特色小镇规划建设热潮,然而很多特色小镇并没有产业的支撑,而是建成了景区或者游乐园,作为一名产业规划人对此有些担忧。试问,各地政府、投资商以及地产商是否真正了解特色小镇的内涵?是否真正明确特色小镇的产业定位、发展路径和运营之道?为此,我去年走访了全球数十个小镇,飞行记录上百次,试图去揭秘特色小镇的发展肌理和成败关键。同时,也发现我国特色小镇发展中存在着诸多问题,特别是运营经验的缺失导致很多特色小镇的规划建设半路夭折。于是,我决定根据自己多年的规划经验以及对全球小镇调研的总结,试图为我国特色小镇的发展贡献微薄的力量,才有了今天这本《小镇的崛起——特色小镇的规划与运营指南》。感慨之余,我内心更多的是对中经汇成团队的感谢,感谢中经汇成各研究所以及经济管理出版社的鼎力支持。

　　规划是特色小镇开发建设的前提,没有规划就像迷失的邮轮无法前行,而运营又是特色小镇成败的关键,即使规划做得再完美,若运营不当一样功亏一篑。因此,本书从规划和运营两个维度给出了特色小镇开发建设时具有可操作性的解决方案。特别是运营方面,目前我国在特色小镇运营方面的成功案例极少,很多人对于运营的理解停留在简单的物业管理和简单的服务供给。我们在本书中提出了小镇运营的四个方面,即物业管理是基础、配套服务是保障、产业运营是核心、社会治理是重点等四个方面，缺一不可。并且，运营管理的每个环节应该坚持流程标准化，才能做到运营管理效率最大化。目前，我们在为特色小镇项目做规划和运营服务的时候也特别注重这点，同时提倡运营前置，希望能真正建设生长成为具有中国特色的特色小镇。

由于鄙人水平有限，本书仍存在研究不足之处，欢迎各界读者批评指正。后续，我们还会进行更多更深入的研究，希望各界读者能持续关注我们的丛书系列！最后再次向经济管理出版社以及我的团队，表示最诚挚的谢意！

印建平

二〇一八年五月